JAPAN

BURTON HOLMES TRAVELOGUES

CHINA

YELLOWSTONE

时光·旷野丛书

－朱靖江 主编－

帝国残影

Peking.
The
Forbidden
City

[美] 伯顿·霍姆斯 著

朱晖 译

伯顿·霍姆斯
1901 年行记

九州出版社 | 全国百佳图书出版单位

JIUZHOUPRESS

图书在版编目（CIP）数据

帝国残影：伯顿·霍姆斯 1901 年行记 /（美）伯顿·霍姆斯著；朱晔译. -- 北京：九州出版社，2024.10. --（时光·旷野丛书 / 朱靖江主编）. -- ISBN 978-7-5225-3360-5

Ⅰ. K250.6-64

中国国家版本馆 CIP 数据核字第 2024DL5878 号

帝国残影：伯顿·霍姆斯 1901 年行记

作　　者	[美]伯顿·霍姆斯 著　　朱晔 译	
责任编辑	唐文洁　叶淑君	
出版发行	九州出版社	
地　　址	北京市西城区阜外大街甲 356 号（100037）	
发行电话	（010）68992190/3/5/6	
网　　址	www.jiuzhoupress.com	
印　　刷	鑫艺佳利（天津）印刷有限公司	
开　　本	710 毫米 × 1000 毫米　16 开	
印　　张	20	
字　　数	160 千字	
版　　次	2025 年 2 月第 1 版	
印　　次	2025 年 2 月第 1 次印刷	
书　　号	ISBN 978-7-5225-3360-5	
定　　价	78.00 元	

时光的旅人

——《时光·旷野丛书》总序

朱靖江

　　2024 年春天，我做了一次短期旅行：从北京飞往云南丽江之后，我驱车前往玉龙雪山脚下的玉湖村、宁蒗县泸沽湖和扎美寺，经行四川木里县的利家咀村和木里大寺，抵达稻城县香格里拉镇的亚丁自然风景区，又在木里县的俄亚大村居停，折返丽江之后，甚至还有时间去大研古镇喝了杯咖啡，再登机回到北京。如此行程，在现代化交通工具与四通八达公路的加持之下，只用了六天时间，若是在一百年前，在同一区域——姑且将北京与丽江的飞行距离排除在外——做类似路线的旅行，则至少需要六个月，一路上风餐露宿、骑马徒步，还得豁出命溜索过江，提防着土匪拦路……

　　中国近二十年基建爆发，将原本的偏乡山寨以无远弗至的道路网络勾连起来，天堑变通途，旅行成为飞行与驱车衔接不断的流程，除非刻意选择户外穿越，否则大可行村过镇，纤尘不染。然而，当探索未知变成网红打卡，当大自然被圈禁为奇货可居的收费风景，当深藏秘境的村庄成为奢华酒店的选址地，曾经最触动人心的那些跋涉、邂逅、震撼与跨文化交流却可能消逝无踪。这的确是一个悖论，交通便利赋予了更多人获得美好生活的可能——十多年前我曾徒步进入的利家咀，如今也营建了舒适的民宿，迎候那些乘兴而来的游客——但自然的自在性与文化的多样性却逐渐淡化趋同，甚至被观光业重塑为一套标准化、景观化和商业化的游览标签。人们在越来越轻易地抵达的同时，也越来越找不到抵达的意义。

作为一名人类学者，我在早年的学习生涯中受惠于旅行的丰饶馈赠。20 世纪最后的十年，远方仍旧遥远，我曾搭运送木材的货车从昌都去拉萨，乘坐塞满 7 个人的破吉普去往四川盐源的泸沽湖畔，又或者坐在滇藏线小卡车的后斗里，看着驾驶室中的老司机挥动着酒瓶，再就是与几位藏族僧人为伍，在松潘到甘南的路上游历。那个年代，穿越天山的客车里始终歌声不断，维吾尔族老爷子拨拉着我们的吉他，就能唱出沧桑的《吉尔拉》；青藏线上的牧羊少年一嗓子《妈妈的羊皮袄》，就能让我泪流满面。我们曾经在交河故城为历史的废墟鼓琴而歌，也在可可西里与野牦牛队的汉子们痛饮酣醉。青年远行的经历为此后的人生染上自由的底色，最终凝聚成对多元文化的热爱，以及通往人类学的田野研习之道。

当然，读书仍旧是旅行的最佳伴侣。在这个信息获取比道路通行更便捷的时代，拥有并阅读一本书，似乎变成了非必要的生活点缀。我们从互联网的浪花中仿佛知晓了一切，却又无从深究这一切讯息的来源或真正意涵。譬如，我在开篇提到的那次旅行通常被称作"洛克线"，是一个世纪之前前美国植物学家、纳西学开拓者约瑟夫·洛克（Joseph Rock）在中国西部地区考察的部分线路，近几年也成为一条网红的户外线路，吸引了不少游历者。然而，游历者如果不阅读洛克的著作，无论是他为美国《国家地理》

杂志撰写的考察报告（中文书名为《发现梦中的香格里拉》），还是他的皇皇巨著《中国西南古纳西王国》，便无法领略"洛克线"的真正魅力。例如洛克曾在他的书中写道："这里（永宁皮匠村）是丽江纳西皮匠勤苦工作的地方，他们用牛皮和山驴皮做十足的纳西鞋子，他们也制造西藏式的高靴子，除了用马队运到丽江市场外，还供应整个永宁人脚上的穿着。"今天的永宁镇上，依然有皮匠铺子，制作、销售皮鞋与皮包，可以与洛克百年前的见闻一一印证。他还描述了利家咀村的自然环境："我们进入木里领土的第一个村子为利家咀，路从边界起穿过美丽的橡树、松树、杜鹃花等的处女森林，围绕着东面有一个山谷的山。"也与我如今之所见遥遥呼应：幽深的山谷，苍翠的树林，溪流之上的水磨坊，只是原本阖村皆是的木楞房大多被砖瓦小楼替代了。即便如此，以洛克的文字和影像为历史脉络，才能够在川滇交界的高山深谷之中，找到一条留有生命印迹的"洛克线"。

在晚清与民国时期，如约瑟夫·洛克一样长期驻留中国，或短期旅行的海外人士，留下了一系列探险考察或游历式书籍。它们当中的一部分，因作者知名或事迹卓著，而在近二十年间陆续被翻译介绍至中国。其中，如瑞典探险家斯文·赫定（Sven Hedin）、英国考古学家斯坦因（Marc Aurel Stein）等人的著作颇受瞩目，国内的中文译本都在二十种以上。即便如此，在海内外文化交流的一波波浪潮中，仍有此类遗珠不时被冲上海岸，虽然有些古旧沧桑，却也闪烁着时代洗礼之后的隔岸之美。它们令我们从多个视角回望中国百年之间的自然风貌与社会文化变迁——无论是植物学、动物学、地理学，还是人类学、社会学、考古学，曾经模糊不清的东方面纱在西方学术方法的实地考察与分析检视之下层层剥落，逐渐形成全球知识体系当中的地方知识，也成为我们反观本土变迁与文化演进的一面镜子。而这些书籍的写作者——有些是为博物馆搜集标本的博物学家，有些是探险猎奇的冒险家，有些是长居中国某地的学者，有些是捕捉新闻的媒体记者，有些人带着传教的使命扎根乡村，也有些人带着摄影机游走四方——都曾在某一时代经行在中国的大地上，与某些人萍水相逢，与某些事不期而遇，见证了某些非凡时刻，体验了某些文化震撼，最终完成了一段人生经历的书写。

正因如此，我们将这些从文字地层的沉积岩中发掘回来的书稿，编纂为一套书目，定名为"时光·旷野丛书"，意在重新召唤那些行走在时光路上的旅人，苏醒他们尘封的记忆，回归他们曾经漫游徜徉的旷野江湖——青藏高原的雪峰巨泊、西南山地的幽林深谷、万里长城的残垣断壁、长江沿岸的高峡急流、蒙古草原的连天青碧、戈壁荒漠的黄沙万里……"人生天地间，忽如远行客"，这些来自异乡的远行客留下了尚在传统社会格局之中却已挣扎变革求新的中国纪事，其中难免带有欧洲中心主义、殖民主义、东方主义等各种负面"主义"的元素，但显然更为重要的，是他们作为普通人在一个古老国度旅程当中的文化体验。从人类学的视角而言，"时光·旷野丛书"的代表性著作都接近于民族志的文本形态，铺陈一些带有体温与情感的人生故事。就仿佛小酒馆里的昏灯之下，年迈的旅人握紧酒杯，围着炉火，悠然讲起那些往昔的记忆。或许有人愿意举杯共饮，回到一个行脚与马帮的时代。

是为序。

两位俄罗斯将军的远东之行

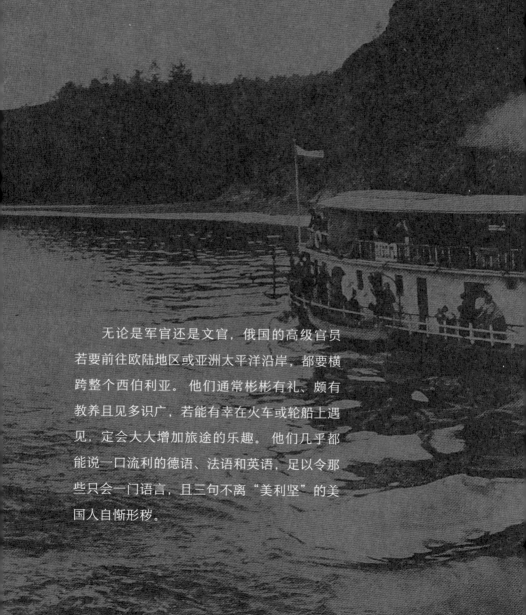

　　无论是军官还是文官，俄国的高级官员若要前往欧陆地区或亚洲太平洋沿岸，都要横跨整个西伯利亚。他们通常彬彬有礼、颇有教养且见多识广，若能有幸在火车或轮船上遇见，定会大大增加旅途的乐趣。他们几乎都能说一口流利的德语、法语和英语，足以令那些只会一门语言，且三句不离"美利坚"的美国人自惭形秽。

沿黑龙江而下

1

Down the River

　　1901 年 7 月，由于石勒喀河（Shilka River）的水位太低，我们三个来自美国的旅行者不得不在西伯利亚腹地的斯特耶腾斯克（Stryetensk）盘桓几日。在我们看来，这一处哥萨克聚居地（Cossack settlement）无疑是极北苦寒之地的偏远一隅。每周两次，从莫斯科前往伊尔库茨克（Irkutsk）的旅客会成群地抵达斯特耶腾斯克，他们搭乘着著名的跨西伯利亚快速列车，紧随着破冰船，横渡一千俄里①（verst）有余的辽阔的贝加尔湖（Lake Baikal）。列车上的所谓"住宿条件"真让人一言难尽。高速列车每小时限速只有 15 英里②，其他列车每小时限速 10 英里，而且是在一切顺利的前提下。尽管如此，从斯特耶腾斯克到莫斯科的旅程也要将近两周——其中九天还算舒适，待在车厢里就可直达伊尔库茨克。但抵达贝加尔支流后要各种换乘和折腾，先花上半天时间从伊尔库茨克到渡轮停泊的码头，然后在"贝加尔海"（Baikal Sea）冰冷

---

① 1 俄里约为 1.0668 公里。（译者注）
② 1 英里约为 1.6093 公里。（译者注）

刺骨的水面上度过半天，抵达梅索瓦亚（Myssovaya）港口后再等待大半个晚上，接着就要登上"跨贝加尔列车"，三天三夜后才能抵达斯特耶腾斯克。当时满洲里铁路尚未完工，沿湖的贝加尔和梅索瓦亚两个终点站也有待规整，所以这一路颠簸都只是权宜之举。在1901年的那个7月，我们就是这样一路来到了斯特耶腾斯克。只要肯花些时间与耐心，要抵达石勒喀河畔的这处聚居地倒也不算太难。想要离开这里可就不容易了。这一点在我们尚未到达时就已知晓。还在伊尔库茨克时就听闻这里水位很低，交通停滞。现在看来，这些传闻是确凿有据的。整条河看似皱缩了起来，低浅的水流战战兢兢地流淌在空荡荡的河道里，似是在担心自己也会就此搁浅！最后一班定期邮政轮船在三天前就已经离开了，而下一班搁浅在好几英里外的下游某处，恐怕要等到秋天才能抵达斯特耶腾斯克。客栈房间容量不足，几十名旅客只能在走廊上"安营扎寨"。岸边还滞留着数以百计准备离境的民众，处境困顿、形容潦倒，眼巴巴地等着出现一线转机。我们几个却很走运，在这偏远一地遇到了一位来自圣彼得堡的地理学教授。他博学多闻，待人忠诚且个性坚韧，不仅是位讨喜的旅伴，也为我们提供了许多语言上的帮助。我们还邀请他一起在客栈欢庆美国独立日，喝着咖啡谈论起顺流而下的计划——也就是乘坐一种被称为"普乐特"（plott）的木筏沿河漂流1000英里左右，但首先我们得设法搞到一艘，或乞讨，或租借，或干脆自己动手建造。这一计划并未得到采纳，我们后来也为此深感懊悔。而在当时我们被一阵意外之喜冲昏了头脑。有人找到了一艘不错的船"留力克"号（Rurik）。它其实是一艘行将就木的旧轮船，尚且还能航行，我们便打算乘

搭乘"普乐特"

"S.S.亚细亚"号

私家 "游艇"

"留力克" 号

最后的大采购

坐它沿着石勒喀河而下，最远行至石勒喀河与额尔古纳河（Argun）的交汇处。

　　"留力克"号其实根本算不上一艘合格的轮船，但重要的是它吃水很浅，只有两英尺①。在其他船只会搁浅或卡住的河段，它可以轻巧地掠过或漂行。就这样，我们将二十七件行李与自己的四

① 1 英尺为 0.3048 米。（译者注）

条性命都交给了"留力克"号。笨重的旅行箱被塞在潮湿漏水的货舱里，给形形色色的旅客们充当床铺或靠椅。船上有一间一等舱——八英尺宽，十英尺长，内有五个铺位和一张餐桌。

我们设法占据了舱内的一角桌面和一个铺位。依据约定，我们四个人在雨夜有权共享那个铺位，其他时候则与三等舱的乘客一样睡在甲板上。舱内另外四个铺位属于一对中年夫妇和一对热情的年轻伉俪。后来我们得知这两个年轻人是来度蜜月的。

我们设法与船长斡旋，想争取到前甲板一部分区域的专用权，不仅能放置一些随身物品，也能过得舒服一点儿。但这个想法行不通。船长解释说，这甲板其实并不牢固，因为这艘船由一种"高压机器"驱动，运行中会喷撒出炽热的煤渣，堪比维苏威火山爆发。他对那台"高压机器"颇为自豪，一有机会就向人展示它的喷发威力，而所有人都会忙不迭地伸手掩面。既然如此，我们就只能在"留力克"号的甲板上四处流浪了——若煤渣喷发比较微弱，就在甲板上安营扎寨，一旦发生剧烈喷发，还得躲进发霉的船舱里避难。我们起初还故作高冷，但面对亲切热情的旅伴，很快就卸下心防。到第二天夜里，"同志情谊"就打碎了阶级壁垒，无论是一等舱、二等舱、三等舱，还是四等舱，旅客们开始相互串门，结交好友。将大伙儿团结起来的原因，除了有对"高压机器"的共同恐惧，此外还有共同的希冀——期待早日抵达波克罗夫卡（Pokrovka），也就是位于石勒喀河与额尔古纳河交汇点下游的一座小村。那里的航道更深，可以搭上定期邮政轮船。

话说回来，"留力克"号的生活并没有想象中那么无聊。倒是那些乘坐私家"游艇"的人更值得同情——因为他们没有各种旅

漂亮的新娘

伴可供打量与八卦。"留力克"号的甲板上挤满了各色人等，若是将这里的众生故事一一记下，定能写满厚厚一卷。我们很乐意结识这些人：心地好、脾气好、有礼貌，也很有耐心。那位新娘肤色黝黑，容貌姣好，身形娇小，无论是看着她本人，还是看她朝着那个"他"莞尔一笑，对我们而言都是享受，令我们觉得这段航程始终有幸福相伴。我们也时常想起那对和蔼可亲的中年夫妻，他们堪称成熟而幸福的婚姻模范。同样令人难忘的还有船上的几位演员，其中有个浓妆艳抹、举止轻浮的女人，与西伯利亚阴郁苍

演员

同船乘客

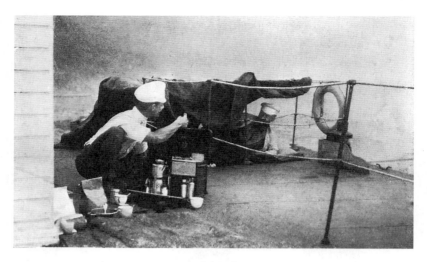

"早餐准备好了！"

船上的餐饮

晨间洗漱

白的晨光极不和谐；喜剧演员的滑稽动作也与甲板上的环境格格不入，显得古怪而好笑。我们对船上那一百多位乘客心怀感激。他们多为形形色色拖家带口的移民，往往六人或八人一群；他们头脑清醒、克己无私、任劳任怨、温和坚韧。其中我们最应该感激的是"教授"，他无私而忠实，沉静而睿智，不仅热心地为我们充当翻译，还与我们分享他的罐头汤。尽管有很多事情都未及写下，我还是必须不吝文字地向另外两位旅伴致谢：特别感谢他们俩每天清晨煮好燕麦粥和黑咖啡，当我们在"留力克"号雾气湿重、寒意侵人的甲板上醒来时，总能感到满心欢喜。

船上睡觉的垫子是用牛毛压制的，比潮湿的木板稍微软一点。有时候，我们也会支个帐篷，也就是在桥楼栏杆上铺一块旧帆布，但这种简易帐篷太简陋，雨水或煤渣总是从缝隙间钻进来扰人清梦；有时候，"留力克"号整晚都静静地停泊在河岸的木料堆旁，待到清晨起航时，劲风拉扯帆布，也将人拽出梦乡。这一航段情况多变，入夜后无法航行，所以石勒喀河上的轮船通常都会停泊过夜。每一夜的情形都大同小异，只不过地点与过程稍有差异而已。每当停船时，跳板刚刚搁下，所有人都拿着毛巾、肥皂冲向岸边，在清凉的石勒喀河水中沐浴。女人在上游，男人在下游，孩子们则沿着河岸四散开来。清洗一新后，人们点起篝火，抽着烟斗，摆开龙门阵。勤勤恳恳的船员们此时还得拆散庞大的木料堆，把各种物资供给搬到甲板上，以供"留力克"号庞大胃口的每日所需。搭设跳板也并非易事，特别是当船停泊在离岸有一定距离，水又浅又急的河道里时。这种情况就需要搭设两块木板，木板之间用一个形似木工支架的可移动木码头来支撑。没有任何困难能打倒这群坚韧强壮的船员，其中以中国人为最，他们的技术最好，积极主动，不屈不挠。每个人干活都很卖力，但就成果而言，这些留着长辫子的"中国人"一人就抵得上三个强壮如牛的"俄国人"。日间，我们在浅浅的水流中小心行驶，沿着捉摸不定的航道费力前进，龙骨不时地刮擦在成形不久的砾石河堤上，好在一路有惊无险。可就在第二天下午，船还是搁浅了，在河中央纹丝不动

移民

第一站

地待了 18 小时。 其间还遇到了我们的竞争对手，它在"留力克"号出发后 12 小时才离开斯特耶腾斯克，此刻却喷着烟，得意扬扬地超过了我们。 当时空气闷热难耐，还有挥之不去的苍蝇滋扰。这些苍蝇体大壳硬，堪比甲虫，还会朝人猛扑过来，狠狠咬上一口再扬长而去，那嗡嗡声听着像是一辆汽车向远处驶去。 终于脱困之后，船长在测量水深的时候显得愈发谨慎。 他指派三名船员站在船头，其中两人把长杆插入水中，几乎每次都一击到底，随即大声读数，"三英尺——三英尺半——四——四——两英尺半"。他们实际的咏叹是这样的："特雷——特雷斯波洛文诺——切特里亚——切特里亚——得瓦斯波洛文诺。"听到"得瓦斯波洛文诺"时，我们就会减速；而听到"得瓦"（也就是"二"）的时候，船身很可能会被卡住。 他们把这种情形称为"坐河坎"。 每当石勒喀河嶙峋的河岸之间有砾石隆起，我们都得坐一回河坎，有时待上一小时，有时可能要耽搁一天半的时间。 船员们首先会动用长杆和滑轮，设法将船身撬起，以便通过隆起的砾石堆，但此法通常并不奏效。 接着，他们会把船锚搬上岸埋好，再架起索具，所有人齐心协力转动绞车，直到船身有所松动为止。 不过首先松动的往往是船锚，如此一来还得大费周章地重新折腾一遍。

在因搁浅而盘桓的日子里，我们有时会乘坐小船上岸去。 女士们在河岸边洗衣服，男士们则生起篝火，驱散阴霾，此处常有森林起火，浓烟弥漫，遮天蔽日。 不过这浓烟也为这段沿石勒喀河而下的航程增添了一些神秘气息。 有一日在烟雾深处竟浮现出一个水上商场——那是开设在"普乐特"船上的一家百货商店。 于是大家完全不顾翻船的风险，争先恐后地爬上筏子，然后将待售的

装木料

水上商场

搭建跳板

过河坎

测量水深

"坐河坎"

发信号

各色货品彻底翻找了一通，足足"淘"了一个多小时才尽兴。

　　另一日在这浓雾深锁的河面上航行时，也发生了一件趣事。自从离开莫斯科后，我们就隐约预感会再次遇到那位来自旧金山的男学生和他的记者朋友，他们受雇于一家美国报纸来周游世界。此前一直没见到他们，直到 7 月 8 日中午时分，我们的船正绕行于斯特耶腾斯克下游二百多俄里处的一个弯道时，河岸上出现了三个不甚分明的身影。我们立刻认出，正是那位诗人兼记者，还有那位西方男学生，以及他们的向导。我们大声喊叫，疯狂挥手；他们也报以回应，随后刻不容缓地埋头于自己的任务：拽着满载行

转绞盘

李的小艇，沿遍布砾石的河岸拖行。我们后来听说，他们的轮船也"坐河坎"了。最后他们不得不弃船，一路徒步前往最近的火车站。既有前车之鉴，我们的船长随即制定应对方案，机智地绕过了那处让他们搁置数日不得动弹的"河坎"。他命令全体人员上岸以减轻船身重量。一百多个人三三两两地站在岸边，满心焦虑地观望着，不知我们的船能否顺利通过这处隆起。不久，从下游的浓雾深处，我们的"留力克"号出现了，它喘着粗气，似乎在竭力克制着紧张兴奋的情绪。它轻盈地行驶到那艘搁浅数日的船后方，喘气声也随之变得沉重而急促起来——只见它轻巧一转，驶

"留力克"号驶过浅浅的石勒喀河

入了深水区，一声胜利的尖叫传来，岸上的旅客也爆发出欢呼，与之应和。

不过，要想重新登上"留力克"号的甲板，我们还得先爬上一座高山。因为这艘船只能在高耸的悬崖下方的水域靠岸，而且根本没有现成的道路能通向悬崖，于是每个人不得不徒手攀爬，花了半个小时翻过悬崖并最终登顶。于我们而言，这倒是一段意趣盎然的旅程。在拥挤的甲板上困守多日，如今在山顶俯瞰轻舟竞渡，别有一番快意。呼吸着山巅清新的空气，饱览壮丽美景，我们终于得以远离煤渣、苍蝇和暑热，也不必为石勒喀河的航道提心吊

胆了。 在山上，同伴们找到了一处泉水，那是我们在整个西伯利亚旅行期间第一次，也是唯一一次喝到如此清冽甘美的饮品。 虽说身处西伯利亚这片"冰雪之地"，我们竟一时忘记了世界上还有"冰"这种东西，直到发现河岸边无名泉眼里的水如此冰凉，才想起了这回事。

　　重新登船时，大家都抱着满怀的野花，那是在陡峭的山坡上摘来的。 此番石勒喀河畔攀崖之旅实属意料之外，大家玩得筋疲力尽，却也兴高采烈，精神为之一振。 随后不久，那艘三天前超过"留力克"号的傲慢的邮政轮船，竟然也被我们超越了，不亦快哉！尽管它曾认定我们会在石勒喀河上游的港口里耽搁很长时间，

俄国人与美国人在洗衣

浓雾深处

河畔的美丽女子

但出于人道主义，此刻我们并没有嘲笑那艘官船。我们的船吃水较浅，终于率先通过了标示石勒喀河与额尔古纳河交汇处的那处浮标。这两条大河在激荡中相互拥抱，彼此交融，汇聚成壮阔的黑龙江，即是通向太平洋最大的一条河道。

但在此刻，这一切都笼罩在一层浓重的烟幕深处，有时只能勉强辨认出满洲地区森林里的高大松树，表明我们眼下已经接近中国

"船能开过去吗？"

测距灯

欢呼万岁!

壮阔的黑龙江

的北缘了。我们曾在两年前去过中国东南边陲的广东和香港，但两次体验可谓大相径庭——上次是搭乘横渡太平洋的邮轮抵达了一处时髦光鲜的英吉利海港；而这次坐的是破破烂烂的老"留力克"号，四下一片蛮荒绝境。但在这两次的旅行经历中，中国人的身影都格外引人瞩目。在甲板上，这群留长辫、着蓝衣的中国人终日劳碌，挥汗不已，他们这种吃苦耐劳的精神似是习以为常的惯性，更源于祖祖辈辈的传承。

　　就在这时，测量员再度哼唱起那句"特雷——得瓦斯波洛文诺"，接着只听到一阵嘎吱作响，龙骨蹭上了砾石。在我们所遭遇的第十一处"河坎"，船再次被牢牢卡住，动弹不得；那艘官船又得意扬扬地超过了我们。一名船员跨出船舷，发现水深勉强及膝，便四下去探寻错失的航道。不过几分钟，他就找到了航道。最后，我们与对手几乎同时抵达了波克罗夫卡村庄，尽管它比我们提前三

在悬崖上

天出发。波克罗夫卡颇为萧瑟。在我们看来，斯特耶腾斯克似是宜居世界的最终边界，一旦翻过这条阻隔，此次旅程就要进入下坡路段了。石勒喀河一段的经历表明我们目前还是在一路向上；而波克罗夫卡——我喜欢反复念叨这个地名，总会在半梦半醒之间脱口而出，仿佛这是一处天堂圣境，令人魂牵梦萦，却又遥不可及——波克罗夫卡的存在，似乎是为了向我们证明斯特耶腾斯克并非最终的边界，还算不上是地球上最孤绝、最遥远与最荒蛮的地方；而就美食与享乐而言，它也算不上是华尔道夫酒店[①]的对立面。就在这个不毛之地，我们也不得不离开"留力克"号了。这艘船吃水太浅，虽然有利于在石勒喀上游航行，却并不适合继续向下游行进。

不过，即便在波克罗夫卡也能找到乐子。一群吉卜赛人正巧扎营在泊船地附近，他们竭尽所能为大家驱散昏暗的空气，缓解沉重的氛围。那几天，滞留在波克罗夫卡的旅客们不仅目睹了一场势头凶猛的森林大火，还遭遇了前所未有的严重河道枯竭。矗立在岸边的巨幅公告牌显示，村子上游与下游的水位都非常低。河岸边聚集了七八百人。村里没有客栈，仅有的几座村舍早已人满为患，商店里却空荡荡的——所有能吃的都被抢购一空，连米和糖都买不到了，库存只剩下了茶叶与烟草。军官中不乏携带家眷者，他们的处境甚至比低贱的农人更惨，因为穷人早已习惯了忍饥挨饿、风餐露宿的生活。不过，即便身处西伯利亚的浓雾深处，我们这一路也始终有幸运星的追随与照耀。第二天清晨，我们便

---

① 高级酒店品牌，这里指代奢华的享受。（译者注）

帝国残影：伯顿·霍姆斯 1901 年行记

在山坡上

向下游远眺

驶离了这片愁云惨雾，因为邮政轮船上的朋友无私地为我们腾出了一些舱位。尽管我们只是数日前才在列车上结识，但这几位确实称得上是"朋友"。他们是俄国的文职官员，其中两人在外交部门任职，此番是前往北京和东京；另一人是内务部有头衔的使节。尽管是和几十名找不到甲板空位的移民一起挤在轮船驾驶室顶板上睡觉，我们也觉得心满意足，只要能离开波克罗夫卡就行！可当这座小村庄渐渐消失在浓雾深处时，我们又满怀愧疚地看着那艘忠实的小船"留力克"号。当小船也消失在视野尽头时，我们不免觉得自己有些忘恩负义。船上的乘客百余人，来自不同的阶层，都将我们视为忠实的朋友，可我们一看到逃脱的机会，就无情无义地将他们统统抛弃了。

由此，我们又踏上了另一段长度未知的旅程。这艘驳船名为"曙光女神"，因为没有自主动力，所以要被拖船拖曳着，沿河而下大约 700 英里，方可抵达海兰泡。在那里就不会再有什么麻烦了，因为海兰泡是低水位河段的尽头，我们还听说吃水深的好船都在那里等着，于是，我们开始期待早日抵达海兰泡。就像在石勒喀的航程中一路念叨着波克罗夫卡一样，我们现在开始念叨海兰泡，将它视为遥远的天堂——虚无缥缈，如梦似幻。那艘拖船名为"海军上将波西耶特"（Admiral Possiet），看着结实有力，懒洋洋地缓缓转动船舵，拖着我们绕过一处又一处弯道，驶过一段又一段河岸，并远离河道中可能刚擦到龙骨的"河坎"。这段航程本身非常单调，却又不乏丰富的插曲与趣味。那些蜿蜒的河道与连绵的绝壁，真叫人百看不厌——这就是命运给我们安排的消遣。只听拖船的船长高喊了一声警告，所有人随即陷入紧张与慌乱。"海

在中国的边缘

寻找河床

军上将波西耶特"号在河中搁浅了。它几番挣扎,想要奋力驶过河坎,可惜都无功而返。驳船的桨箱中排出大量的河水,船身猛地在河道里打横,堵住了驳船的通路。驳船庞大而沉重,一时停不下来,加之水流的推动,眼见着就要撞向拖船中部,将它拦腰撞断。同样的情形先后发生了四次,多亏船员们眼疾手快,运气也真是好,才没有酿成撞船事故。我并不迷信,但是我的相机简直像是一个护身符,按下快门的动作似乎总能让我们在迫在眉睫的时刻化险为夷。每当"海军上将波西耶特"号又迫近几英尺的紧要关头,随着相机"咔嚓"一声响起,"曙光女神"就会稍稍扭转船身,或在激荡的河水中随波逐流,或安然无恙地卡在一处无伤大雅的砾石堆上,总能免受伤害。可一旦搁浅,就是长达数小时乃至数日的辛苦与延误。首先必须解开拖船,然后将缆索和钢缆送到驳船上,再奋力将我们拽离搁浅区。从早晨一直到夜间,"海军上将波西耶特"号一次又一次徒劳地拽着"曙光女神"。每当它猛拉一下,我们都会摇晃不已,缆索和钢缆也断了不少,可惜船头与船尾仍是纹丝不动,仿佛驳船早已扎根此处,永无转圜的可能。船上的四个美国人没什么耐性,因此倍感烦躁,但在俄国人看来,旅途中的这些耽搁与延迟再正常不过了。我们想争取主动权,不断找船长献计献策,谋求脱困;而他们却围坐在水雾氤氲的茶壶旁,全然忘记了自己正搁浅在黑龙江中央。同船乘客之中有两位上将和几位军衔稍低的军官,他们对甲板上的几位哥萨克人表现得热情友好,丝毫不带鄙夷,赢得了后者的尊敬与亲近。其中一位中尉经常向我们借小型录影机,他将其称为"基诺拉"(Kinora),还说"我想让孩子们也见识一下"。他常站在窗边摆弄机器,直到他家

　　　　　　　　　　　　帝国残影:伯顿·霍姆斯1901年行记

在波克罗夫卡

波克罗夫卡的水位公告牌

滞留

吉卜赛人

那些个头不小的孩子都能看一看那个神奇的盒子，他们一个个倍感惊讶，目瞪口呆。

就这样过了数日。静止不动的时光显得格外枯燥而漫长，只有遇到了木料堆或邮政所的时候，才会在其间短途往返。我们开始讨厌那些木料堆，因为它总是意味着长久的拖延；当船员宣布即将抵达邮政所时，我们也会发出叹息，因为在西伯利亚地区，邮包的交接至关重要，每次都会花上至少两小时。又过了几日，在一个晴朗的日子里，我们的船停泊在岸边，无意继续前行。没有俄国人去询问其中的缘由，还是美国人探听出了究竟，原来船身下方有一处很高的"河坎"，船长决定等河水水位升高六英寸①后再继续航行。船员将长杆插入岸边的水底，以测量水位的升幅。第二天清晨，根据其中一根长杆的读数，水位升高了八分之三英寸，但另一根的读数却显示降低了半英寸。

人们开始估算这次可能逗留的时间，说不定会长达两周。就在这时，我们听见船桨的拍打声——"留神！"——一艘看起来身经百战的小船刚刚抵达岸边！这艘简陋的手摇船上载有三名气质粗野的桨手。我们几人立刻召开紧急会议。此地距离海兰泡还有 500 英里，河水的流速差不多是每天 60 英里，用上三只船桨的话，每天应该可以行驶 100 公里。经过一番讨价还价，那三人同意以六十卢布的价格，让我们带着行李上船。此番商榷不仅得到了"教授"的帮助，另一位热心的波兰旅客也提供了无私的帮助，正是他向那三人清晰传达了我们的提议。当时的情形是，这位波

---

① 1 英寸为 0.0254 米。（译者注）

等待

兰绅士把那三人带到一边，认真地把合同细节做了一番简明扼要的解释。与此同时，我们为即将获得的自由欣喜不已，干脆脱了衣服跳进河中游泳去了。

不过，这位华沙来的绅士显得过于彬彬有礼，不免令人生疑，我对"教授"说，没准这个波兰人自己打算搞到这条小船。"哦，不！我可不会这么想，""教授"这么回答，还略带着责备的口气。没过多久，那三名桨手回来后，匆匆忙忙地解开绳子，转而朝着驳船驶去。我们见状后大声抗议，他们回答说，那位波兰绅士答应比我们多付五个卢布，于是他们接受了他的出价，同意载着他和行李前往海兰泡。我们被这种小人之举激怒了，于是将酬金提高到三倍。可惜为时已晚，文雅又精明的波兰绅士早已扣下了那三人的护照。失去了身份证件，他们变得手足无措，因为俄国人若

伯爵与哥萨克人

没带身份证件哪儿也不敢去。我们匆忙穿好衣服赶回"曙光女神"号那边，正巧看到波兰人忙着把行李搬上那艘租借来的小船。我们怒火中烧地在岸边瞪着他，却也无可奈何，只能阴阳怪气地用法语讥讽他，而这位切斯特菲尔德先生仍然面带微笑，对我们以礼相待。我们假意要给他送个午餐篮子，也被他婉拒了。最后，这个波兰人带着胜利的微笑，消失在了氤氲雾气的深处。

　　这个故事不胫而走，引发了许多热烈的讨论。有人觉得波兰人的做法精明而正当，也有人认为他是个虚伪的骗子，对于这样的指控，痛心疾首的"教授"也不得不表示"认可"。至于我们在送别时表现出那种阴阳怪气的礼貌，旁人却百思不得其解。"我不明白，"伯爵问道，"你们为什么要向他敬礼，祝他一路平安，还送他

摆弄"基诺拉"的哥萨克人

音乐的魔力

离开波克罗夫卡

"曙光女神"号驳船

拖行中

拖船

千钧一发

紧张时刻

篮子？他对你们可不怎么样。"好在第二天清晨，我们就大仇得报了。我们的船终于成功通过了那处"河坎"，还超过了波兰人的小船。船长很有正义感，拒绝他再次登上驳船，他只得顶着强劲的逆风，费力地向下游划去。但最终还是波兰人笑到了最后——比我们早了 48 小时抵达海兰泡。就在拒绝他登船的第二天，我们遇到了另一艘邮政轮船"海军上将普提亚廷"号，因此又多了一番混乱、折腾和延误。"海军上将普提亚廷"号曾经在一处木料堆旁停泊了两周零三日了！这一停就是整整十七个昼夜，好像它决意要带走所有木料似的。船上的两百人四散枯坐，耐着性子等待黑龙江水上涨。附近村子里所有能吃的都被吃光了，最后一根面包和最

拖船搁浅

百无聊赖

东方式的隐忍

五点的茶会

上岸

面包售罄

电报站

商店里空空如也

邮差

在"河坎"上

抵达邮政所

　　　　　　　　　　　　帝国残影：伯顿·霍姆斯 1901 年行记

傍晚时分

后一袋西伯利亚椒盐脆饼干也早已售罄。没人想着给管理当局发电报，投诉他们居然让一艘吃水三英尺半的船开进两英尺深的河道里。这不是俄国人的做派，他们不会这样表达谴责与批评。正确的态度就是漠然处之，正确的表达是"Nitchevo"。这个词语的字面意思是"没事"，可谓一切尽在不言中。它的发音就奠定了俄国人性格的基调——"Nitchevo"。没什么事可做，没什么事出错，也没什么人犯错。为何自寻烦恼呢？一千年来都是如此，"没事"。我们的船长把拖船停靠在驳船旁边，对另一位船长嘟囔了一句"没事"，就风轻云淡地去喝茶了。我们又等了 36 小时，距此不足百英里的那位官员却迟迟未能发来任何指示，两位船长最终决定听从美国人一开始就提出的明智建议。他们让两艘船的乘客互换，我们搭乘"海军上将普提亚廷"号继续前往下游，而"海军上将普提亚廷"号的乘客则换乘吃水较浅的驳船，往上游去碰碰运气。

换乘的过程极其混乱！各有两百之众的两群乘客，拖拽着数吨重的行李，却只能从一条没有扶手的狭窄舷梯上通过。等第二条舷梯终于搭起来的时候，这场混乱都已经结束了。这是一场拥挤、推搡与倾轧的大混战，毫无秩序与规则可言，每个人都鲁莽地往另一艘船上挤，争抢最佳地盘。经历了这场双向的推搡之后，每个人都已经筋疲力尽，压根不会对命运的安排有任何挑剔。船舱的数量仅仅是所需的一半，于是我们几人再度沦为甲板上的三等乘客，在毫无遮蔽的甲板上做饭、吃饭、睡觉、生活，丝毫不介意白天的日晒与夜晚的寒雾——只要有一席容身，就心满意足。

航程中还是时有延误耽搁，有时是"河坎"，有时是木料堆或邮政轮船，既耗费时间，又消磨耐性。我们的新船长身着精致的黄绸套装，但过于温文尔雅，简直不像是船员。每当遇到麻烦，他总是紧紧握着自己的香烟盒，再叫人给他泡上一杯茶。我们这几人却变得有些烦躁易怒，总是嘲讽俄国人的做事风格，以显示美国人之优越。我们到处找碴儿，特别是冲着一位和善、礼貌的老绅士抱怨。他被我们戏称为"没事先生"，是一位典型的西伯利亚实业家，也是伊尔库茨克当地德高望重的名人，传闻说他还是这条

夜色降临

脱困的机会

"我也这么想。"

航线的所有人之一。而在我们看来，这条航线的管理简直混乱不堪。他曾经去过美国，却竭力强调自己并不喜欢美国的高速列车，对此唯一的理由是："我喜欢时间充裕、优哉游哉的旅行。"

有一日，我们言辞激烈地抱怨转运速度太慢，"没事先生"表达了不同的意见："别忘了，各位先生，该花的时间总要花的。"

"话是没错，"我的朋友反唇相讥，"但根本就不用花这么长时间。"

就风景而言，黑龙江虽没什么壮观盛景，倒也不乏意趣。整个航程中最著名的景观当属所谓的"火焰山"，是两岸峭壁上遍布着沉积的褐煤持续闷烧形成的。夜间的景象或许有些诡异，但白日里却显得平淡无奇，甚至令人失望。终于，在离开波克罗夫卡

波兰绅士的逃脱

好好商量一番

船长拒绝波兰人登船

上岸拍摄

千姿百态的乘客

"海军上将普提亚廷"号

与我们同船的官员

哥萨克村庄

帝国残影：伯顿·霍姆斯 1901 年行记

最后几块面包

最后一袋椒盐脆饼干

献计献策

撑长杆

　　　　　　　　　　　　　　　帝国残影：伯顿·霍姆斯 1901 年行记

船长与他的雪茄

我们的卧铺

"没事先生"

"没事"

十天之后，我们抵达了黑龙江畔的一座大城——海兰泡，却是西部利亚最引人入胜的城市。我们一路经过了许多哥萨克小村庄，无一不是粗鄙且败落的，而这座城市却显得欣欣向荣，令人耳目一新。最棒的是城中有一家绝佳的旅馆，床铺整洁，仆人殷勤，菜肴也很可口。我们后来发现这不是俄国人开的，店主是个法国人，那这一切就不足为奇了。城中广场的对面有两家气派的大商店，其中更显精美的一家是德国公司开办的。德国人在这片崭新的土地上随处可见，他们拓展生意，安装电灯，所以德语也成了西伯利亚的商务语言，正如英语是中国与日本的商务语言一样。不难发现，这里几乎看不到英国人；而代表美国人的则是从美国进口的大量商品，不过经营商几乎清一色是德国人，鲜有例外。

"看到流放的囚犯了吗？"想必每位读者都会不禁发问。对俄罗斯刑法制度的研究中常见对其严苛与残酷的描述，我们对此也无意否认。不过流放的囚犯，这一路上确实未曾得见。我们观察过几艘押送囚犯的驳船——当时正驶向黑龙江河口处的库页岛的流放地。囚犯中有男有女，还有儿童。尽管驳船的甲板都被栅栏封住，但他们看起来状态不错，比我们这艘拥挤的邮政船上那些自由的穷人过得更加舒心。他们不仅衣食住宿都有着落，还有充足的活动空间。而与我们同船的那些贫苦移民，有时甚至包括我们自己都只能风餐露宿，忍饥挨饿。尤其到夜间所有人都躺下睡觉时，甲板上连落脚的地方都没有，每走一步都不免踩到熟睡中的旅客。在我们看来，就舒适度而言，铁路上的囚犯车厢胜过了政府保护下背井离乡的移民们所坐的三等、四等车厢。值得一提的是，此时的西伯利亚已不再是俄国囚犯的流放地了。库页岛上建起了

"火焰山"

"熏烧中"的峭壁

新的流放地，"西伯利亚"一词如今已经洗脱污名，不再是囚犯的流放地，而是一片充满希望的应许之地，也是俄罗斯帝国的"伟大东部"。我们甚至并未意识到，其实此刻已经进入了中国的射程之内。我们的船沿着边境的河岸行驶了一千多英里，却未曾见到一处中国的镇子或村庄，倒是哥萨克人沿着河岸长驱直入。眼下这里仍是杳无人烟的苍茫荒原，只能零星见到三五名俄罗斯士兵躲在所谓"临时占领区"的帐篷里——并不是帆布帐篷，而是用砖石筑起的。义和团运动期间，河对岸的中国人曾朝着海兰泡开枪射击。总督担心本地中国人也随之起义，便下令立即将他们遣返至河对岸的中国境内。当时没有船只，但军令难违，这些仓皇无助的可怜人聚集成群，向上游行进了数俄里。随后，俄国人以刺刀逼迫他们涉水过河，返回中国。但黑龙江水深浪急，绝无涉水或横渡的可能——这些人最终全部溺亡，三千浮尸顺着黑龙江漂入大海。这场惨案的元凶后来受到了沙皇的严惩，但俄国人从此也不想在边境上和中国人有什么瓜葛。如今，两岸之间虽有渡船往来，但白人必须持特别许可证才能过河，倒有一些中国商人与园丁往来于海兰泡与对岸几个哥萨克军营之间。

可惜事与愿违，从海兰泡往后的航道和上游一样艰难。邮政轮船因为接连遭遇"河坎"而被一再拖延。邮政公司不得不租借一艘名为"筛子"的独立的船尾外轮船，以便把邮件和乘客转送到官船上去。据说那艘官船正卡在下游的一处砾石堆上，距离我们有三天的航程。可到第二天清晨，这艘期待已久的轮船竟然以惊人的速度破浪而来，真是让人又惊又喜。我们发出信号，请它停下。两艘轮船很快靠岸停下。"筛子"上所有人都兴奋不已，收拾

途经的筏子

抵达海兰泡

还愿教堂

大酒店

海兰泡的主街

美国人的设施

剧院

好铺盖行李就急切地奔向下一艘船，只为占个好位置。没想到这时又旁生枝节：另一位船上的船长并没有接到转运乘客的通知，竟断然宣布他的船将开往海兰泡，而且不会掉头，他的乘客们也表示支持。这时，俄国人再次表现出惊人的顺从——这也是他们最令人叹为观止的品性之一。失望的人们心平气和地回到甲板上，打开包裹，再将随行物品一一摆放出来——没有一声抱怨，也没流露出哪怕一丝一毫的愤慨与恼怒。"没事，船长没有得到命令，没事的。"即便船长表示一俄里也不愿意多走，也没人表示抗议。船长说合同要求他与邮船对接，而他已经做到了。实际上，邮船不仅拒绝接纳我们，反而继续向上游行驶，可他却不会因此改变自己的态度。除了我们四个，其他人都觉得应该在此地等上一天或一天半，直到身处某地的某个官员发来指令，而眼下他显然已经把我们抛诸脑后了。我们的船后恰好跟着一艘货船，于是我们被转运到那艘船上，然后继续顺流而下，抵达了另一艘邮轮预计停靠等待的地点。整个转运的过程真叫人怒火中烧。"筛子"的底舱里载有一百件沉重的邮政皮箱，每一只箱子都需要四人协力才能勉强搬出。我们不禁发问："为什么不用轻巧的小邮包呢？"

"没事先生"对此的回答是："因为大城市太多，小邮包不够用。"

我们在河中漂流了一整天。所幸有十几个人拉着一条长纤绳，将船沿着河岸稍稍拖行了一段。旅客们仍然静默不语，毫无怨言。无论是军官还是移民，戏子还是游客，哥萨克人还是农夫，都是同样地温驯与顺从。航程的管理如此混乱无序，且人们缺乏远见，只知道逆来顺受。每当驳船要绕行岬角，或渡过浅滩时，乘客们甚至被要求去撑长杆，以免驳船靠岸太近。他们做这些事情时也心甘情愿，甚至满心欢喜。反观我们这些外国人却坐立不安，烦躁不已，也许真该学习他们的好榜样。

最终，我们还是等来了那艘邮政船。船上的两百人可谓饱经磨难、身心俱疲，但一如既往地坚韧、有耐心。等待了五天后，他们终于得到了指令并抵达此处。为了给甲板遮阴，人们在上层的护栏上绑了小树枝，前甲板的上方也撑起了一大块帆布。我们有幸获得了左舷桨舱上方的一处小凉棚。船舱内过于拥挤，我们很乐意让给那些不喜吹风的俄国人。在接下来的旅程中，我们就在桨舱顶上"露营"。我们夜晚在月光与星辉中入睡，白天则煮些

押送囚犯的驳船

船上的三等舱

囚犯

移民

中心广场

百货大楼

市郊

食物来打发时间。我们不仅能喂饱自己，还将食物分享给几位年轻的俄国文职官员朋友们，因为他们曾在驳船"曙光女神"号上慷慨地与我们分享了自己的舱位。作为回报，他们很乐意为我们充当翻译，由于"教授"在海兰泡辞别我们，去了另一艘轮船，所以他们的帮助也在一定程度上弥补了我们的损失。

这是我们在黑龙江上度过的第四周。日子一天天过去，我们似乎也变得更有耐心。实际上，我们已经逐渐习惯了西伯利亚的缓慢节奏，学会去享受平静而单调的悠长时光，体会那种随遇而安、处变不惊的平和心境。黑龙江下游水面宽阔，一望无际，偶有造型奇巧的沙堆点缀其上，仿佛是某个异域世界的巨幅浮雕地图上隆起的片片陆地。

无论是河流两岸，还是河中的小岛，到处都看似人烟稀少。但我们每天都能见到一个踽踽独行的人，他有时出现在河畔，有时划着小船。他是黑龙江这一带的灯夫，职责是照看这段险象环生的水上要道的导航灯。好在此时我们已经远离了那些"河坎"，这艘坚固的快船终于可以大展神威，沿着航道高速航行，轻车熟路地朝着不远处的目的地飞奔而去。

目的地在伯力，那里有火车一路向南直达海参崴。至此，我们已经走了二十八天的水路，距离我们当时搭乘火车抵达斯特耶腾斯克已经过去了整整四周，其间跨越了1300英里。在此期间，我们在不同的港口等待轮船花了七天时间；因"河坎"或木料堆的耽搁，或因管理不善、指令延误又花了十二天；真正的航行时间只有九天，而整个航程最多也只需要九天而已。

耽误了这么多时间，所以我们在伯力"毫不犹豫"地租借了两

为纪念沙皇继承人 1891 年到访而建的凯旋门

对岸即中国满洲里

满洲里的百姓

迪特里克斯将军、贝弗里奇前议员，以及当地官员

将军的钢琴

"筛子"号

大包小包

遭遇拒载，隐忍认命

西伯利亚的邮包

中国满洲里的瑷珲镇

笨重的邮包

转乘驳船

搭乘载货驳船顺流而下

撑起长杆离岸

等待中的邮政船

辆行李车和两辆马车，心急火燎地穿过闹市区，沿着一条泥泞道路直奔两英里外的火车站。同行乘客中有一位将军，还有一支乐队在车站演奏以表敬意。直至晨间，列车才驶离这座小镇。车厢里人满为患，三等车厢的过道里也站满了人。好在我们的脚夫非常机灵，帮我们搞到了仅剩的几个铺位。至于我的行李，竟被阴差阳错地放在了特等包厢，而包厢的主人不是别人，正是那位道貌岸然的波兰绅士！事已至此，我们也只能勉为其难地假装从未谋面，并礼貌地相互问候。在这间五英尺长、三英尺宽的逼仄车厢里，真是仇人相见分外眼红。波兰人莫名其妙地问，我前几天给他的小船拍的照片效果如何？甚至还请求我送给他几张。"我在华沙的妻子会很感兴趣的，"他如此解释道。当我们在海参崴告别时，他居然握住我的手，屈尊纡贵地说："让我们冰释前嫌，好吗？"我说了声"好"，他说了声"后会有期"，就离开了车厢。没过多久，我发现他在铺位下面落下一双鞋，于是追着他的马车跑到大街上，把那双鞋朝他扔了过去！有关这位波兰绅士的故事至此告一段落。

身后的风景

我们的"船舱"

我们的餐食

"船长还会来吗？"

　　旅程的最后一段是乌苏里铁路线，这个名字来自沿途跨越的乌
苏里江[①]。整个旅程耗时 30 小时，行驶距离约为 500 英里。这一程
是整条铁路线中最早完工的一段，自 1897 年开始运营，而海参崴
一端早在 1891 年就已经开工建设。火车穿行于一片丰美肥沃的滨
海地区，这里有俄国殖民者所需的各种丰富资源。村庄简朴，路
况却比俄国佳。这里的每个人都满怀希望，精神振奋。有好几群
人显然刚刚抵达，正沿着铁路线扎营，等待被送到其他的指定地
区。俄国在整个西伯利亚的殖民遵循军事化原则，农民与工匠组

---

① 　黑龙江支流，位于黑龙江省东部，原为中国内河。1860 年沙俄通过不平等的
　《中俄北京条约》割去中国乌苏里江以东约 40 万平方公里的领土，乌苏里江遂
　成为中俄界河。（编者注）

帝国残影：伯顿·霍姆斯 1901 年行记

孤独的灯夫

风雨欲来

"再会"

成兵团，被派往所需的地区，他们并不能随意行动。

　　寻常的铁路岔道口往往不会引起旅行者的注意，但是必须承认，当我看着双城子的岔道口时，真是感慨万千，因为这是沙俄统治向东推进的里程碑之一，也是名为"中国东方铁路"的新路线的东端——名义上是中国，实际为沙俄所有——这条路线从斯特耶腾斯克附近的凯达洛沃（Kaidalovo）横穿中国东北地区，一直延伸至双城子的这处岔道口。

伯力

抵达伯力

伯力的酒店

俄罗斯凯旋门

军乐队

马车夫

久违的老朋友

囚犯

　　　　　　　　　　　帝国残影：伯顿·霍姆斯 1901 年行记

打情骂俏

将军

乌苏里线上的餐车

乌苏里铁路

旧路

欣欣向荣

满洲里铁路的东端，临近双城子

帝国残影：伯顿·霍姆斯 1901 年行记

一位军官

初来乍到

双城子街头

　　　　　　　　　　帝国残影：伯顿·霍姆斯 1901 年行记 ————

朝鲜人

　　我们在这个车站目睹了精彩一幕，足以体现俄国在东部开发时的种族大融合。当时站台上挤挤挨挨地站着一大群人，其中既有中国人，也有朝鲜人、哥萨克人和俄罗斯农夫。这些人簇拥着一群俄国军官，他们正在以军事礼节接待一位身材矮小的军官，这位军官从圣彼得堡专程前来视察沙俄在中国满洲里前哨安置的一处兵营。

　　离开双城子后不久，我们欣喜地发现，东方出现了一片海域，应该是太平洋延伸至此的一个海湾。这段看似漫长无尽的旅程总算有了一个终点。我们为此疑虑了多日，因为懒洋洋的黑龙江与拖拖拉拉的航船让这片大陆显得异常广袤遥远，仿佛一直延伸到世界尽头。西伯利亚辽阔无垠的大地给人以压迫感，让人感觉身处巨大的牢笼之中，终日奔波迁徙，辗转前行，却又无可逃离。但这片海让我们感到自由，不禁放飞思绪，想象着浪涛汹涌的大海的另一端就是旧金山。

一小时后，我们抵达海参崴。若是从美国乘船直接跨海前来，我们就有时间在这座漂亮的新城市里逗留数周，体验这里难看的建筑与宜人的环境，也可以侃侃而谈我们对这座优美港口的细致印象。但我们此番是从古老、优雅的莫斯科来，陆路的旅程既精彩纷呈，又让人筋疲力尽；而我们的下一站将是更古老、更优雅的北京。我们渴望早日抵达中国的都城，以免紫禁城再次将"洋鬼子"拒之门外。因此，我们并未在海参崴多做停留。不过，我们在到站的那一刻却受到了震撼，至今时常想起，仍颇有夙愿达成之感。当时我们看到车站墙上用斯拉夫文字写着"海参崴至圣彼得堡，9877 俄里"，也就是约 6500 英里。这 6500 英里，我们走了整整四十二日半。不过，我们恐怕也是最后一批以此方式横跨西伯利亚的旅客。随着满洲里铁路线的完工，从圣彼得堡到太平洋沿岸的旅程可以缩短到不足十六日，除了横渡贝加尔湖外，其余全部可乘坐铁路。若非自愿，将来的旅客们再也不必绕行浅浅的石勒喀河或宽阔的黑龙江，虽可免受奔波之苦，但也失去些行旅之乐。步履匆匆的旅客们很快就能乘火车横跨整个欧亚大陆，所花的时间比眼下从加利福尼亚乘船到日本所需更少。我们在海参崴匆匆游览了一番，港口周围临时建了一个镇子，潦草破败，颇煞风景，但此地仍堪称全世界最优美的港口之一。俄国的亚洲舰队整齐停泊，就像内陆的海湾里排起一列漂浮的堡垒。每座山头都建

终于涨潮了

两位朝鲜绅士

驶向海参崴

"海参崴至圣彼得堡，9877 俄里"

主干道

海参崴终点站

西伯利亚的东方门户

海参崴风光

俄国的亚洲舰队

帝国残影：伯顿·霍姆斯 1901 年行记

哥萨克士兵

新邮政大楼

有要塞，每处岬角都设有兵营。警察用警惕的眼光打量着四处溜达的外国摄影师，而摄影师正忙着在酒店的大小窗户旁寻找合适的拍摄角度。我们抵达海参崴当天就申请了摄影许可证，当时得到承诺我们第二天早上就能拿到，可直到六周后，我们才在日本横滨收到！阻挠拍摄工作的不仅是当地政府，还有当地天气。须臾之

帝国残影：伯顿·霍姆斯 1901 年行记

华俄道胜银行

间，大团大团的雾气从海面涌来，遮蔽了城市与港口的景观。云雾缭绕，似是服从军令一般，小心地将山峦与海湾的轮廓掩盖起来，让旁人再也无法窥探此处盛景的全貌。

同样令人叹为观止的还有斜坡两侧建起的崭新建筑，器宇轩昂

的华俄道胜银行大楼①，还有货品充足、顾客盈门的百货商店。我们好奇地打量着身旁的中国人，因为即将前去造访他们的国家；我们还会向高大的俄国士兵投以敬畏的目光。军营的士兵在夜晚会唱着歌行经我们的窗下，那种和谐的低吼就像是一阵罡风掠过高挑的林梢，令人一听难忘。唱歌行军的士兵更有一番气势，而哥萨克士兵们行军时的吟唱就像一首昂扬战歌。当周遭的一切再度归

---

① 为沙俄和法国资本对旧中国进行殖民掠夺的金融机构。（编者注）

于寂静，我们不禁再度想起广袤无垠的西伯利亚，想到这些俄国军人也都横跨了整个西伯利亚才来到这里。想到这一点，我们终于意识到了一个重要的事实：俄国人确实已经抵达了太平洋。

早在三个世纪之前，当叶尔马克（Yermak）率领他的哥萨克远征军跨越乌拉尔山脉，进入亚洲之时，俄国就已经开始东进了——如今哥萨克军团依然高唱着"征服东方"的进行曲，继续向东方挺进。总体而言，俄罗斯对西伯利亚的征服是缓慢而平静的，宛如一座恢宏浩大的纪念碑，见证了俄罗斯人的耐心、毅力与隐忍，正是凭借这三种品格，俄国人正在一步步去实现他们的野心。

北京的园林

　　　　　　　　　　　　帝国残影：伯顿·霍姆斯 1901 年行记 ───

不久之前，在全世界各大城市之中，中国的都城北京一直是难以企及、鲜为人知的。随着义和团运动爆发，世人才将目光投向了这座遥远、古老而神秘的中国都城。随后，八国联军侵占北京，以暴力开启了闭锁多年的城门，也掀开了它蒙尘多年的神秘帷幕。

在北京街道

2

　　北京，是天朝的都城，也是满族征服者的重兵铁营。在这方圆数英亩的土地上，辉煌煊赫已逝，苍凉凋敝犹在。四面沙尘滚滚，将它掩藏在一片壮阔苍茫的浓雾之中；十六座城门 [①] 威严耸立，森严城墙绵延数英里，将它紧紧地闭锁起来。如今的城墙已遭破坏，通道穿墙而过，以便入侵者的车辆通行。多国联军堂而皇之地入驻了这片圣地，城市腹地的"紫禁城"沦为好事者的游乐场。"天子"早已不见踪影，朝堂与宫殿被洗劫一空，昔日的神秘与威严被践踏在地。百姓们仓皇惊恐，心怀怨恨，眼看着暴徒扬长而去，敌营再度重建，他们却只能沉默地怒目以对。这就是公元 1901 年的北京。

　　基督教在中国的停留与退场，只能说是令人遗憾的。而新闻报道总是夸大其实，故事从东方传回西方的路上也不免被人添油加醋地粉饰一番，有鉴于此，可以说西方文明在中国其实是蒙羞遭贬的。外国侵略军都知道，中国人始终坚信西方国家都是野蛮人。

---

① 　指北京十六门，即内城九门、外城七门。（编者注）

北直隶湾

关于义和团运动爆发，各国使馆遭袭，直至各国联军侵占北京城，这一系列故事早已从各个不同的视角，被反复叙述了上百遍。在接下来的篇幅中，我们只是从旅行者的视角叙述从大沽（Taku）到北京一路的见闻，其中有些场景与上述历史事件相关，而其他一些人和事，能让我们更好地理解这个神秘的国度。

1901 年 8 月初的一个夜晚，我们从长崎抵达了中国沿岸的大沽。天朝的夜空被阳光镀上了一层金灿灿的光泽。同样的阳光也日复一日地照耀着当代欧洲国家的辉煌首都，辽阔美利坚大地上欣欣向荣的新城，风景优美的火奴鲁鲁，以及飞速发展中的日本城

芝罘港

镇。而今，太阳俯视着中国的都城，看看英国、德国、法国、意大利、奥地利、美国和日本以人道与进步的名义，究竟在北京都做了些什么。我们的轮船抵达了烟台芝罘港（Chi-fu）。这座繁忙的港口风景如画，颇具欧洲风格，教会学校与外国银行数量众多，大国的领事馆傲居山崖之巅，宽阔的港口里停泊着来自世界各地的船只，当地人的小船游弋其中，倍增生趣。

　　我们没有在芝罘港上岸，而是连夜继续向西航行，跨过北直隶湾[1]，在日出时分抵达了著名的大沽港附近——其实距离还很远，

----

① 北直隶明朝时直隶于京师地区，北直隶湾即后来的渤海湾。（编者注）

大沽一带

侵略军的"威武"号战舰

中国帆船

小帆船

因为我们停泊在外锚地的战舰之中，目之所及只有海水、天空与状如海岛般森严林立的军舰——那都是外国联军的庞大舰队。

我们的前后左右都是怒目以待的巡洋舰，仿佛是欧洲的看门狗在中国岌岌可危的大门前贪婪环伺。这群前来兴师问罪的舰团之中，几乎每一个列强国家都派出了代表。我们和其中一艘法国装甲旗舰"威武"号稍做交流。这天想必是洗衣日，因为帆桁上挂满了水手晾晒的衣物。若没有这些法国海军军官的热情相助（《在北京最后的日子》一书的作者皮埃尔·洛蒂［Pierre Loti］也是其中之一），我们恐怕要大费周章才能上岸。载我们上岸的是法国政府包租的轮船，用来从日本长崎给大沽港的法国舰队运送邮件。

几经转乘

尽管我们的旅行获得了当局的默许，但他们并不能确保我们在中国上岸。当时除了军舰的汽艇外没有别的交通船，锚地距离港口还有 17 英里之遥。原本唯一选择是找一艘慢吞吞的渔船，这些小帆船总是沿岸行驶，懒洋洋地摇晃着疲惫的船桨，草席制成的船帆比较重，在风中没精打采地拍打着。坐这些渔船上岸要花上六小时，所幸我们无须如此。我们在风浪颠簸的海面上稍做耽搁，随后经历了四段惊心动魄的转乘，从拖船到汽艇，再从汽艇到一艘临时运输船，最后跨越浑浊的海浪，驶向大沽港著名的泥土炮台。这些炮台威严耸峙，颇有一夫当关万夫莫开之势。从低矮而单调的海岸望去，仿佛水面上漂浮着厚厚一层黄色的污垢。

这些炮台以黄色黏土筑墙，显得呆板僵硬。尽管意在保护实为黄颜色的"白河①"，却多次遭到敌军的侵占。交战的第一步往往就是攻占大沽炮台。1861年如此，1900年也是如此，大沽炮台都是在关键时刻被攻陷。诚然，炮台守军做出了抵抗，虽为时不长，却也让联军付出了惨重的代价。就在这些炮台之间，浑浊的白河水最终注入了同样浑浊的黄色海水。这世界上的许多著名河流常被冠以"神圣"之名，幸好眼下这条河没有使用如此字眼。相反，白河河道中漂浮着泛黄的淤泥，在低矮泥泞的河岸间缓缓流淌。河岸看起来也像是这条污浊河流的一部分，只不过凝固成形并抬升了几英尺而已。大沽镇就位于白河右岸，是我曾见过的最凋敝破败的人类居住地之一。这里的房屋均为黄泥建造，这里的人也像是用陶土做成，镇上的街道就像是平坦泥地上留下的犁沟。想到还有人生活于如此境地，我们的心情不免变得沉重。沿河不时会见到光着身子的孩童在泥泞中行走，而仅仅数月之前，曾有大量死尸从上游漂浮至此，让人不难联想到入侵者铁蹄践踏下的惨况。

在破破烂烂的村庄上游不远处，停泊着一艘整洁的白色战船，船上悬挂着美国的旗帜。这艘"莫诺科西"号（Monocacy）可算是中国水域的元老战舰，美国海军中的老古董。它就是来中国服役直到最后的，但老船依然坚固强韧，在天朝浑浊的河道里逍遥地安享晚年。它没有参加大沽炮台的争夺战，我们也无意探讨指挥官的是非功过。

---

① 北运河古称，是海河的支流之一、京杭大运河北段。（编者注）

大沽港南炮台

大沽港北炮台

　　　　　　　　　　　　　帝国残影：伯顿·霍姆斯 1901 年行记 ——

大沽镇

　　白河的水面漂浮着许多运输船，联军的各色旗帜随风飘扬，也有的挂着横幅以作说明："八国联军特许。"在大沽荒凉的泥地里，不少农舍屋顶也插着外国旗帜，似是作为庇佑。我们在左岸一处名为塘沽的地方登陆，百般不愿地在深深的泥水中跋涉上岸。我们身后跟着长长一队挑夫，他们搬运我们的行李，粗暴得简直像是一群海盗。塘沽这地方令人不适，这里的街道给人一种虚无缥缈、脆弱不实的感觉，总让人担心下一刻就会世界崩塌，堕入人间地狱。万幸的是，我们和行李最后都安全抵达了蒂沃利饭店，我觉得这座饭店距离车站只有几步之遥，更准确地说，饭店与铁路调车场之间只隔了四个泥水坑和两座垃圾堆。令人颇感意外的是，大

白河

家饿得饥肠辘辘，大沽与塘沽的景象丝毫没能影响我们的好胃口。于是我们点了蒂沃利的招牌佳肴。不得不说，即便是这样一处绝境之地也无法埋没高卢人的才华。来自法国的店主为我们提供了一场盛宴——不仅色香味俱全，负责上菜的还是一位身材矮小的"神仙"。法兰西美食万岁！

　　塘沽是通往北京的铁路线的起点。我们还得知这条线路是在英国人的指导下重建并运营的。车站保安都是来自香港军团的锡克族人，列车长来自澳大利亚战舰。检票员是中国人，而火车站站长则是英国人。之所以能知之甚详，是因为这个联合部队打算逮捕我们，理由竟然是我们当时头戴着在海兰泡买来的俄国军帽。原来此前不久，俄国与英国因铁路争端而交恶，差点爆发冲突。不仅如此，我们还支起三脚架，四处拍照，引起了锡克族卫兵的怀疑，他们上报说俄国间谍正在测绘铁路线。火车站站长令卫兵去

侵略军的"莫诺科西"号美国战舰

塘沽

塘沽的蒂沃利饭店

塘沽火车站

挑夫

召集人手，他本人则冲出门来怒斥我们。折腾了一通才发现，我们既非沙皇的爪牙，也无意窥伺华北的交通系统。最初报警的锡克族卫兵为此懊悔不已，他热心又尴尬的滑稽模样令我们忍俊不禁，同时也深感英国的影响力之深远。此时，一列来自北京的火车隆隆驶来，车上的德国军团身着整齐的卡其色军装，头盔上有金色雄鹰的纹样。

联军已经开始撤离了。明天他们将动身前往不莱梅。但其中许多军官会选择回国路上途经旧金山与纽约，顺便对他们最强大的商业对手进行一番考察。在这座繁忙的车站，每隔一小时就会驶来一列拥挤不堪的火车，满载着形形色色的士兵，通常还有一队本地人，那些长长的辫子足以从塘沽一直延伸到北京。我们在下午

侵略军中的锡克族士兵

侵略军中的德国军队

帝国残影：伯顿·霍姆斯 1901 年行记

塘沽火车站所见

离开塘沽，乘坐着一辆简陋而凉爽的火车车厢，行李则放在一辆烤箱状的金属货车上，负责押运的是一位高挑的锡克族士兵，在这兵荒马乱的时期，他俨然代表着此地唯一能正常运作的检查机构。

　　我们在临近日落时分抵达了天津，也是此列火车的终点站。在一个半小时里火车行驶了大约 25 英里，沿途满目疮痍。车厢里挤满了来自好几个国家和不同军团的军官，既有整洁挺括的"汤米·阿特金斯"[1]，也有邋遢不堪的法国人和意大利人；既有身材矮小的日本人，也有虎背熊腰、体味浓重的俄国人。这条铁路线如今处于联军的控制之

---

[1] Tommy Atkins 是对英国士兵的俗称，并非具体人名。（译者注）

人力运输

下，沿途设有五条与铁轨平行的军用电报线，以保证北京的指挥部与沿途设立的各国前哨站之间随时建立通讯。

天津留给我们的印象也是苦难深重、民不聊生——于我而言，这既是中国留给我的第一印象，也是最后的印象，更是难以磨灭的长久记忆。这种辛劳没有起点，因为它远在人们意识到之前就已开始；这种辛劳也没有终点，它一直延续到生命的终结。它撕裂肌肉，锉筋断骨，在每个青铜铸就的额头戴上一顶汗珠凝聚的宝冠；若非全然没有自我意识，此番辛劳足可被视为孤勇。

天津的老城眼下已成废墟，由外国军队负责治安管理。原本

　　　　　　　　　　　帝国残影：伯顿·霍姆斯1901年行记　——

的营垒都已夷为平地，原先城墙矗立的地方建起了平坦笔直的林荫道。往来奔波的人们会走上这条由"洋鬼子"建造的通畅大路。若无人干涉，他们会让时光抹去洋人侵占时留下的全部痕迹。欧洲人和日本人曾在他们的街道上往来巡逻、拦下嘎吱作响的手推车、挡住摇摇晃晃的竹篮子，甚至阻挠达官显贵们乘坐的绿官轿。

据说天津是中国第二大城市，我们虽从未听闻，却也觉得合理。它比北京还要大，仅次于南部大都市广州。这几座城市的人口估算大致为：广州两百万，天津一百万，都城北京一度被认为是全球人口最多的城市，但眼下恐怕至多五十万而已。天津曾是李鸿章在北直隶的总督署所在地。他当年的"衙门"如今被八国联军占用，我们在那里看到了欧洲人用的餐桌。在此危急时刻，这些欧洲人统治着这片废墟之上数百万的民众。不过，统治者深谙中国之道，并不会做出什么积极的改变——在衙门院子里，两名中国警察正对一名犯人施以"笞杖"，他的妻子在旁边尖声抗议，

即将抵达天津

天津

天津的劳工

满目疮痍

午间休息

遮阳篷

断墙残垣

帝国残影：伯顿·霍姆斯 1901 年行记

侵略军中的日本兵在巡逻

哭闹不止——这也正是谨遵"无所不能"的八国联军之命。

　　街道与桥梁之间略有高差，行路不免颠簸。这些天津人来来往往，或拉着黄包车，或赶着马车，或推着沉重的手推车，却没一个人会在路桥之间架设一块倾斜的木板以便通行，宁愿以无比的耐心把体力浪费在这道坎上。

破败萧瑟的天津城

李鸿章的"衙门"

衙门大院内

　　至少在某种意义上，天津聚集了"这地球上大部分的盐"①。当然，一些美国军官与士兵在这场跨国劫掠中表现出与众不同的诚实品质，对此也不必赘言。我未曾亲历那一段混乱的时日，但只是有所听闻罢了。听说查菲及其麾下的美国大兵堪称当时在中国的唯一清白老实的人。不过，我在这里想说的是真正的盐，白河两岸堆积如山，草席覆盖其上。这些都是贡盐——由政府垄断，是

<hr>

① "the salt of the earth" 作为习语意指 "老实本分的人"，字面意义是 "地球上的盐"。（译者注）

长辫子的囚犯

总督府里的餐厅

过桥

皇家财政收入的主要来源之一。

　　天津其实有两座城，一座是中国的，另一座是国际的。我们投宿在法租界的酒店，在大厅一头的地板上打地铺。这里的床铺既昂贵又稀缺——待我们找到床铺后就愈发稀缺了——可交通却低廉而便利。无论何时，一出门就能叫来一辆人力车——实际上，是一大群人力车蜂拥而至，将我们团团围住。

　　法租界的边界就在大街的尽头，紧接着就是"维多利亚道"，即英租界的主干道。我们时间有限，只得匆匆参观了一下戈登堂

天津利顺德大饭店

堆积成山的盐

白河上的渡船

天津法租界的酒店

在天津乘坐人力车

（Gordon Hall）[1]。这座市镇大楼在天津遭袭之时用作外国妇孺的庇护所，因此具有纪念意义。天津租界区被围困之艰难，丝毫不亚于北京外国领事馆的遭遇。一连数日，炮弹不断落在这片洋人聚居地上，有时是在吃饭时间落下，有时是在清晨的床头炸响，像是恐怖的信使从头顶上呼啸而过，用尖利嘶哑的语气，一字一顿地表达出中国人对"洋鬼子"的鄙视与仇恨。

世人皆知那段时期是如何终结的——俄国、日本与英国军队最终破城而入，侵占了老城。当时的老城周围仍有高墙环绕，而

---

① "戈登堂"当时为天津英租界工部局大楼，始建于 1890 年，坐落于当时天津英租界的维多利亚道（今和平区解放北路）。（译者注）

天津戈登堂

天津的美国领事馆

帝国残影：伯顿·霍姆斯 1901 年行记

美国第九步兵团惨败之地

倒霉的美国第九步兵团刚刚在菲律宾群岛一战中惨遭重创，而在此役中，他们又深陷老城与指挥部之间的沼泽地中，伤亡惨重。我们特意去拜访了里斯库姆上校（Colonel Liscum）的阵亡地。当时是非功过，如今实难论断。据说联军的一位将军在指挥进攻时，给在此的美军下达了一个含糊不清的命令："向左或向右前进，没有区别，行动要快！"但区别还是有的——后来证明，向右前进不仅毫无用处，而且极度危险。可第九步兵团听从了命令，他们向右前进，就此走向了绝境。周遭的高墙与房屋里遍布中国的狙击手，沼泽地带的沟壑太深，无法涉水通过。因为没有掩护，撤退也无可能。于是美国士兵在绝望与痛苦中纷纷倒下，而其他国家的侵略军队却在城门与高墙上欢庆胜利。

天津与北京之间相距约七十五英里。我们搭乘一辆舒适的火

天津火车站

车，历经五个小时抵达终点。 此前，人们去北京通常是乘坐帆船
或船屋，由一大群苦力拉着纤绳，沿着浑浊的白河拖行，耗时数
日才能抵达。 这趟火车之旅中的趣味之一是打量平板车车厢里的
中国旅客。 他们数以百计地挤在一起，即使在最恶劣的条件下也
总能保持东方人特有的姿态与尊严，每个人都是前额精光、长辫齐
整，每个人都有遮阳帽、遮阳伞或扇子。

　　　　　　　　　　　　　帝国残影：伯顿·霍姆斯 1901 年行记

打捞铁轨

　　每到一站，眼前的景象都在提醒我们铁路沿线受到的破坏。楼房只剩空壳，屋顶与窗户早已被焚烧湮灭。不久以前，正是在此处的一个车站，英国海军司令西摩尔（Admiral Seymour）最终放弃了乘火车前往北京的计划。桥梁坍塌，铁轨隆起，联军不得不放弃铁路线，选择步行奔赴北京。沿途义和团人数众多，西摩尔联军受伤众多，行军不断受阻。不过，眼下的中国人很快就为这场反抗付出沉重代价。

　　沿线一路都可见到一群群义和团的俘虏站在齐腰深的浑浊河水中干活——短短几个月前，他们还兴高采烈地拆下路堤上的英国铁轨并抛入河中，眼下就得勤勤恳恳地打捞上来。列车在那些破败的车站里长久逗留时，我们就饶有兴致地打量一群群本地商

白河上的船屋

"观光车厢"

廊坊站

流浪艺人

商贩

158

帝国残影：伯顿·霍姆斯 1901 年行记

进入北京城

天坛终点站

贩——来自邻村的男人或男孩在售卖水果、瓶装啤酒或矿泉水，勉强挣钱糊口。许多人手中拿着一把十分面值的银币，晃得叮当作响，口中喊着："换银圆，换银圆！"我们还惊讶地发现，他们还很乐意用十一枚日本银角兑换一枚日本或中国的银圆！中国人看重真金白银的价值——他们很清楚，大大的一枚银圆含的银子比十一枚小小的银角多。

列车一路颠簸摇晃，行经一个又一个车站。田间高昂直立着玉米或高粱秆，那五条平行的电报线与列车如影随形，整整五个小时都是此番单调的景象。随后——仿佛是瞬间拔地而起——北京的南城门赫然眼前。城门西侧飞翘的屋檐已经损毁大半，其他部分依旧完好。雄伟的城墙在其左右两侧延伸开去。令人惊诧的是，火车在城门前并没有丝毫的迟疑犹豫，反而怒气冲冲地径直向前，仿佛是要一头撞向那古老的石墙，似是要撞碎墙后隐藏着的一切。眼见着相撞在即——我们都不禁捏了一把汗——却没感到任何颠簸震动，于是探出身子向前望去。眼前的一幕是我们这一代人难以想见的景象——一列火车竟然穿过破损的城墙进城了！北京的闭锁终于结束了，破损的缺口也永远不会被堵上了。这确实也深深伤害了中国人的民族尊严，无异于一道永远无法愈合的伤疤。尖厉的汽笛声听来带着些欣喜，火车趾高气扬地行驶在南广场的空地上——这片废弃的土地面积很大，看起来像是一片荒郊野地，围墙环绕，间有泥塘，阳光倾泻而下，一切看起来清透明快，颇为宜人。但接近地面处却变得昏黄黯淡，那是无穷无尽的沙土，整个北京城似乎被埋没在三四英尺深的一片沙海之中。又过了一阵，列车终于停在了在天坛大门前的一个站台旁，而此时的

抵达北京

北京

侵略军军官乘坐皇帝的私人车厢

多语种告示

北京的骡车

天坛已经被改建成了临时火车终点站！实在太不可思议了！曾经拒
人于千里之外，神圣不可亵渎的天坛禁地，竟然被火车喷出的浓烟
弄得污秽不堪。

　　起初我们仍不免怀疑是否真的已身处北京，一张写着"Pekin"
的标识牌终于让我们放下心来，不过最后一个字母"G"不翼而
飞，令人遗憾。应该念作 Pe-king' 而不是 Pee'kin，可惜铁路公司
并不在意这些细节。不过，铁路管理人员的语言能力想必还是胜
任有余的。我们看到另一张很有意思的告示，表明这里的"铁道
事务官"不仅通晓英语，还熟悉这一官职的多语版本："Eisenbahn
Stabs Offizier""Officier de l'État Major de Chemin de Fer""Jelyezno

坐车进城

天津的日本侵略军指挥部

Dorojnaya Staonie Ofizter""Ufficiable Capo Statione"，甚至还要懂一些日语、汉语和印地语。所有这些语言并非只是布告栏上的文字，而且是在车站前聚集着的各色人等的口中翻滚飘荡的话语。而在这多语的和声之外，还有天朝祭拜的吟咏盘旋其上，绵延长久，余音不绝。其间夹杂着一两声吃痛的闷哼，那是几个中国人举止有些急躁，印度裔的英国士兵挥舞棍子，打在他们裸露而嶙峋的后背上发出的。

与此同时，搬运工搬来了我们的行李，一共二十七只箱子，还有相机与三脚架。接下来，他们就要想方设法将所有东西都塞进两辆北京马车里。

许多有关中国的游记都会以诙谐生动的篇幅来描写北京的马车。尽管早有听闻，亲眼得见仍然倍感惊奇，足可称之为人间奇观。尽管有着天蓝色的车篷，但马车真是土得掉渣，整日都沿着泥路上的车辙行进，车身上下都是泥。它时常猛然晃动，左摇右摆，勉强保持不侧翻；同时又经久耐用，坚不可摧。只有当地人才知道该怎么坐上马车，悠闲出行。若无人指导或示范，外国人根本不知道该如何上车。为我们示范坐车的是一位满族女士，她看起来像是画报上的人物。她优雅地走上前去，踏步、转身、坐下，然后在倾斜的车板上轻轻向后一挪，让自己的位置正好位于没有弹簧的车轴上方。她盘膝坐好，两侧坐着她的孩子；作为一家之主的老爷坐在其中一根车辕与车身的连接处；车夫则坐在另一根车辕上，轻松地赶着骡子，双脚悠闲垂下，在车轮扬起的沙尘中轻轻摇摆。

车上乘客的视角多少有些古怪。我第一次盘腿坐在拱形车篷

乘客的视角

人力车

桥梁

巡警

下的时候，曾拍下了一张照片。从我的位置看去，骡子状如袋鼠，甚至看似是在大步跳跃，但这只是骡车经过路面缝隙或泥坑时猛然一沉而造成的错觉。同样因为车篷和骡子的关系，周遭的景象在我看来就像是一台摇摆不定的电影放映机投映出的画面，时有停顿，颇不平稳。骡车始终处于颠簸摇摆的状态，让我这个外国人头晕眼花，四肢百骸无一处不疼痛。骡车的车身上没有一根弹簧，而破败的街道就像是山崩后留下的满地碎石。这骡车上仿佛寄托着上万个义和团的英灵，它们对你拳脚相加，忽而上勾拳，忽而左勾拳，或加以惩戒，或一击毙命，每一击都正中腹部要害。

首次乘坐北京骡车无疑是一次发现之旅——发现本已艰难的人生之中竟还有些未曾知晓的波折、磨难。说实在话，第一次乘车的体验确实伴随着疼痛；路面高低不平，没有弹簧的骡车更是颠簸不已。我伸直手，试图撑起身体以缓和一下震动，却只是徒劳。车板时不时地会突然向上抬起，狠狠一震，其冲击力远胜于先前那些小颠簸。这匹两轮的"野马"一旦跑起来，没人能够成功驾驭。可怜的乘客爬下骡车时，往往身体僵硬、伤痕累累，此后每次抬手、迈步、坐下、站起或转身之时，都会想起这一番新鲜的经历。我们对此早有准备，所以直到在北京城的最后一天才去体验骡车。从车站去酒店的路程较长，我们选择乘坐新近才出现的人力车。这一行人就像个大篷车队，我们三人分坐三辆，一位自告奋勇带路的英国士兵乘坐一辆，还有一辆车上载着相机与易碎品，大件行李则由两辆骡车来运送。

此时北京城中的街道，不是泥淖连绵，就是黄沙半埋，沼泽与垃圾并存，令人颇感不快。若要用一个词来形容人们对北京的

前门大街

残破的前门

路过的人群

第一印象，想必是"难以言喻"，也可以是"庞大""忙乱""荒废"或"尘土"。这一特殊时期留下的印迹随处可见——如英语或德语标识的汽水、啤酒和香烟。

城中主干道是前门大街，自南向北贯穿整个外城。南端始于南城门[①]，也就是火车进城的入口；北端是前门，也就是分隔外城与内城的那圈城墙的主门。前门曾经是北京城最为人熟知的标志性建筑，如今却只剩断壁残垣。威严的矮墙尚且完好，但原先城门上的精美建筑，包括红漆圆柱与开阔的屋檐，都于义和团在毗邻商业区里点燃的一场大火

①　应指永定门。（编者注）

中灰飞烟灭了。许多富庶的店铺也在那场混乱中惨遭劫掠。在远道而来的游人眼中，这座最引人瞩目的地标此时却显得格外陌生，又意味深长。所谓"前门"实际上是两座城门，中间相隔一片繁忙的广场。我们尚未进城，就被迎面走来的一队人马挡住了去路——这是非常生动典型的亚洲景观，只有动态摄影制作的短片才足以展现出这番奇妙的场景。骆驼、马车和满载贡米的货车鱼贯而出，在路面浮荡着的金黄色烟尘中渐渐走远，直至消失。我们通过了第一处拱门，置身于两座城门之间的宽阔广场上，四周高墙环绕，其内街衢通达，熙攘繁忙。而这一番盛况，全都包裹在一片昏黄浓重的沙尘之中。

此地随处可见这一时期留下的印迹。头顶上方是倾颓的城楼。美国的莱利上校（Henry Joseph Reilly）在炮轰紫禁城的行动中丧命于此。左手边可以看到皇帝专列的一节小火车车厢，曾载着这位帝王穿梭在圆明园的大小宫苑之间。如今，这节车厢悄然藏身在这片广场一角，成为寻常百姓栖身与玩乐的场所。我们接着穿过第二个拱门，四下里千奇百怪的景象令人目不暇接。我们右转走上使馆街（Legation Street）①。这条大街整洁美观、秩序井然、冠冕堂皇，很不像是在北京。

望着这条大街，每个外国人都难免百感交集。在过去的六十天里，这里汇聚了来自全世界的焦虑不安的目光。死亡、苦难与难以言说的恐怖在这条大街上肆虐，随后又将其与世隔绝——那股潮水既狂暴又懦弱，它不断拍打着使馆的外墙，仿佛将整条街全

---

① 即今天的北京市东交民巷。（译者注）

送葬队伍

北京的使馆街

北方旅馆

部吞没。

　　如今这条街上已经恢复生机，新近铺设的路面光滑平整。我们在街上疾驰了一英里，然后往左一转，来到了哈德门大街，却被一个送葬的队伍挤到了路旁的沟里。我们并不恼怒，因为那队伍看起来声势浩大且理直气壮，而且那条小沟正巧也通向我们的酒店。在 1901 年的北京，唯一的酒店是北方旅馆（Hôtel du Nord），是一名德国人创建的。在北京被侵占后不久，这名德国人紧跟着八国联军的步伐，以十四艘小帆船载着杯碟碗盘、床单被罩等各类物资，还有用人，一路从天津来到北京。我们抵达时，店主本人正准备斥责一名醉醺醺的德国士兵。后者刚才粗暴地踢打苦力，还砸了两辆人力车，理由是那两个苦力因为害怕而拒绝为他服务——过去的经历告诉他们，辛苦拉车的报酬往往就是一顿拳打脚踢。类似的情况十分常见，令人心酸。

这座新旅馆的大门并不像华尔道夫酒店那般富丽堂皇。事实上，酒店的庭院与房舍都是以前一家典当行的地产。这位德国店主不必费力腾空房间，因为国际强盗大军绝不会把任何有价值的东西留在旅馆房间里。但是，就在我们刚才途经的第一个广场上，古老的交易依旧如火如荼，锦缎、铜器和景泰蓝几经易手，商人们每日聚集在此，向游客兜售各种稀罕的玩意。他们低声耳语着"赃物"，这个词既蛊惑人心，又含糊其词，更显手中的物件身份复杂，价值不菲。其实有价值的赃物很少会留在北京，想要淘宝应该去伦敦的邦德街或者纽约第五大道。

旅馆的客房是低矮的平房，分散坐落在一小片空地或庭院的四周，这被称为"大院"。

若想在夜晚穿过大院，必须深思熟虑，仔细筹谋，因为附近有几处泥泞的小水塘，废弃空瓶堆积成山，却没有任何照明设施，此外还得绕过零星散落的木材、马车和垃圾。除此之外，大院空无一物，单调无聊。因为我们刚刚来自更荒蛮寂寥的西伯利亚，所以对此不以为意。这家的餐饮水准很高，完全对得起每日四个金元的价格。我们的房间其实是环绕庭院且相互独立的若干小屋。庭院是砖铺地面，草垫为棚，颇为整洁舒适，只是有时会比较潮湿。旅馆的服务可谓殷勤备至。数十名长幼不等的"仆人"在我们门前进进出出，有的给英式浴缸加水，有的来擦拭军靴或清理帆布鞋，有的负责熨烫和修补衣物，还有的在催促拖拖拉拉的洗衣工。

"赃物"

旅馆的"大院"

北方旅馆的客房

北京街上的泥坑

哈德门

主干道

车辙沟

涉水而行

高低有别

稍事安顿后，酒足饭饱，我们也抛却了刚刚抵达时的疲惫与顾虑，迫不及待地想要出门看看，了解这座城市眼下的情形，以及我们此刻的具体方位。

方才急匆匆地从车站赶往旅馆时，我们见环境混乱，心情紧张，除了漫长的路程与漫天的沙尘，几乎无心留意其他。其实，北京的街道值得大书特书，足以自成一章。这一章应当以水笔书写，笔尖汩汩流出泥浆，在褶皱破损的废纸上，春蚓秋蛇，杂乱无章，然后在笔迹上撒些沙尘，如此泥沙俱下，愈发混沌不清。连接城门的主干道较为宽阔，路况因天气而异，有的日子尘土飞扬堪比沙漠，有的日子又宽敞潮湿，似是海洋。贯穿于大街间的小巷通常就是些臭水沟而已。

在北京第一次上街的经历令人终生难忘。我们接近傍晚时进城，从火车站到使馆区的街道也相对平整通畅。当我们打算出门去探索一番时，已是夜幕低垂，四下一片漆黑。我们怀着极大的新鲜感，若不能亲自在大街上走一遭，再闻一闻东方的气息，简直无法安心入睡。"可没人会在夜里出门，"他们说。"为什么？是有危险吗？"我们问。"不是，危险是一点也没有。中国人都被吓坏了。可你们根本无处可去，整个城市是一潭死水，街道空无一人，没有灯光，也无法通行。""再好不过！"我们欢呼道，"没有危险，没有灯光，没有人。那么夜晚的北京就属于我们！简直求之不得！"

于是我们叫来三辆人力车，每辆车上挤着三个人，打算横跨

惊险的人力车之旅

一路泥泞

美部会传教所

传教士的住所

这座荒蛮而寂静的城市，将介绍信呈递到美部会①的一位传教士手中。美部会的地址看起来既遥远又模糊，此番出行简直像是深入北京幽暗腹地的一次探险。

白天拍摄的照片全然无法体现出我们在漆黑的夜间穿城而过的感受。尽管看起来尘土飞扬，但几场大雨之后，城中街道便是一片汪洋，几乎无法通行。起初，车夫还能紧贴着墙壁找到一小片硬实的路面，好让一只车轮沿路滚动，另一只车轮只能靠他费力地抬起，以免陷入无底深渊。沿途有好几处需要穿过街道的地方，我们都不敢贸然行动，而是等着一个人拿出测深杆来，多方探查以找出一片能够涉过的浅滩！为了证明此言非虚，我们还可以参考一张照片，足见画面中道路一侧与路中央之间的高度差。不妨想象在下雨的日子里，道路的高处被冲刷成湿滑泥泞的土丘，而低处则每逢暴雨必然积水泛滥。想必你也会认同，在夜晚的北京街道上出行，确实困难重重，险象环生。别忘记还有高低起伏、颠簸不平的路面，道路边缘较为坚实的人行道上也是如此，还时常被人力车夫们强占。

想象一下，在漆黑的夜晚，你坐在一辆摇摇晃晃的双轮人力车上，正沿着一条泥沟的边缘疾驰。目之所及，泥沟深不见底——当然，你原本就什么也看不见。有时车身会猛然一震，两只轮子直接落在坚实平整的地面上；有时车轮又会深陷入绵软的烂泥，连车轴也被淹没；有时一只轮子磕上石块，而另一只轮子压过湿滑的

---

① 美国公理会海外传道部（简称美部会），英文全称为 American Board of Commissioners for Foreign Missions。（译者注）

孔庙一角

泥坑,泥浆四溅,而路上的行人却奇迹般得以幸免,车夫则跳进及膝的泥坑中,奋力向前推车,直到重新走上干燥的路面。这一路走得如履薄冰,在抵达目的地之前,我们早已对种种险境变得习以为常。美部会坐落于一座被称为"王府"的宫殿里。此前美部会人员所在的房舍当然早就被义和团毁坏了,这其实也是运动的前兆之一——当时的传教士和中国信徒都与外国人一起躲进了使馆。

王府的大门形似寺庙,没有灯光。我们拍门许久,最后,一个中国老人手持灯笼露面了。看来我们想找的人并不在家,正要返回时,却听到昏暗的巷子尽头传来一个欢快的声音,那正是斯特尔先生(Stelle)在招呼我们。他今晚刚刚拜访完另一位传教士回家。我们做了一番漫长而热烈的交谈,谈到最近发生的种种遭遇与磨难。回程时我们仍坐着人力车,与来时一样有惊无险。

几天后,我们去看了传教所的废墟。这里原先建有许多豪华轩敞的建筑,如今只剩下成堆的灰砖。眼见着自己毕生努力的成果被付之一炬,徒留焦土,他们该是多么愤懑心酸,也难怪他们会占据毗邻的王府,毕竟这位王爷也曾是义和团运动的始作俑者与支持者之一。

中国的老传统中有一项最令人痛心的酷刑,就是中国女人的小脚。在外国人看来,所谓的"三寸金莲"实在是触目惊心,令人作呕,但这里的四万万人却以此为美,奉为时尚。谁又会在乎小女孩的痛苦呢?那双稚嫩的小脚被绷带层层叠叠地包裹起来,随着年龄的增长,小脚努力地生长壮大,绷带也越缠越紧,直至双脚变形,终成残疾。她们的童年就是一场漫长惨烈、永无宁日的殉道。谁又会在乎一个残疾女人行走时的痛苦呢?只要是中国女人,都

"三寸金莲"

满族女人

帝国残影：伯顿·霍姆斯 1901 年行记

必须有"三寸金莲"。只需看一眼那行走的姿态——颤颤巍巍地蹒跚而行——就会知道,哪怕是简单的散步对她们而言都是莫大的痛苦。有些女人甚至必须拄着拐杖才能行走。她们背负着如此残忍的传统,顽强地活了下来。可她的满族姐妹们却不裹脚。满族女人很好辨认,她们的双脚大而自然,穿着与男人同样的鞋袜。此外,她们还梳着别致的发型,繁复华丽的程度堪比日本或者北美原住民少女的发型。

在北京城内四处观光留影是一件愉快的工作。无论是谁来到这里都不会感觉无聊。有眼睛可看的,耳朵可听的,还有鼻子可闻的,借用一句广告词来说,真是"每分每秒都有戏"。单是那熙熙攘攘的人群就足以让人盯着看上数小时。每个人都是棕色的身体,蓝色裤子,高举着伞。这略显单调的画面中时而穿插着各种车辆——满载军用物资的货车,它们由矮小的马拉着,打着赤膊的车夫在一旁驾车。载人的骡车已经见过多次,但每次都会让人心惊。它有着蓝色的拱形车顶,紧绷的雨篷遮盖着骡子与车夫,黄色车轮上的金属因长期使用而呈现波纹状,很适合在北京的硬路面上留下深深的车辙印。车来车往,凹槽不断加深,直到石块都被碾碎,裂成两段,如此便更符合中国人对道路的期待了(俗话说"好路行十年,坏路走万年")。那些人力车是传统骡车的竞争对手,车上的乘客总是一脸不快,赤膊的车夫拉着摇摇晃晃的车子,或沿着花岗石路面上的车辙印疾驰,或在深不可测的水坑之间穿行。还有外国军队临时充当指挥官的座驾的"救护车",都是整洁光鲜,装备齐全,潇洒时髦。当地人的手推车总是嘎吱嘎吱地发出哀怨的吟唱,似是在强烈控诉粗野而愚笨的推车人——我们

"孩子们，走"

西洋景

五花八门的招牌

前门附近的牌楼

喜轿

游街示众

站在路旁的拱门下，眼见着各色车辆在面前川流不息。这种造型奇特的拱门被称为"牌楼"，据说是为了纪念某位我们从未听闻的人物而竖立起的纪念物。各种新奇事物远不止于此，令人眼花缭乱。时不时还有一些灰褐色的东西映入眼帘，它们缓慢而有节奏地行进，与周遭景物显得格格不入。这些是亚洲的沙漠之舟，看起来比非洲骆驼的装备更为齐整，因为蒙古骆驼的鬃毛蓬松，近似雄狮。有时人群中会闪过一片猩红色——那是娶亲的喜轿正匆匆而过，想必新郎此刻身着盛装，正在家中翘首以待。庄重的绿色则是官轿，它们载着为数不多留守北京的贵胄，去与入侵者进行斡旋并求和。我们再次将目光投向那些行人，只见一个可怜人脖颈上戴着沉重的木枷，露出形容枯槁的一张脸。木枷上贴着白纸黑

戏院

泥泞路上的华丽队伍

字以明示罪行。而八国联军的军装又给这千变万化的人群增添了星星点点的红色、蓝色和卡其色。看到最后还有一处滑稽的高潮：人群中忽然疾驰而来一辆北京城独有的交通工具，据说是某位外国大兵发明的——竟然是一匹马拉着一辆黄包车！真可谓是西方化的东方主义。这位身穿卡其色军服的机灵鬼穿行在迷宫般的城市街道中——简直就像是挪威农夫驾着雪橇飞驰而过！

北京的街景精彩纷呈，充满戏剧性，似乎没有必要再花钱花时间去光顾戏院。但北京的戏院也是值得一去的，哪怕只是去看看那些打着赤膊的观众挤坐在毫无舒适感可言的座位上。那些窄窄的长凳没有靠背，简直和木工架一样简陋。不过，天朝的人们总有些精明务实的想法。他们走进戏院后会脱下松松垮垮的衣衫，而洋人去看戏却总是穿上紧身烦琐的正装。戏剧想必是很精彩的，可对于外国人而言，北京和旧金山的唐人街无甚区别，唯一显著的特点就是喧闹的声响，吵得人头昏脑涨。锣和钹的声音响亮而浓重，甚至能造成视觉上的冲击力。

让我们将这幅东方画卷再度快进，从戏台上的悲情故事转向路边经过的一列送葬队伍。那些送葬者和随从都是花钱雇来的，他们穿着俗丽而邋遢的服饰，举着滑稽的阳伞与华盖，或扛着旗帜横幅走在前面，后面跟着挤挤挨挨的一群人，看来就像是在进行一场旷日持久的橄榄球比赛。我只能将他们称为"一伙"抬棺人，他们两人协作，卖力干活，因为肩头的棺材比一架钢琴还要沉重，同时他们还要忍受脚下糟糕的道路。路况稍好时满是深及脚踝的泥浆，更糟的情况下是深不可测的泥潭。若是在这样的路上将棺材扔下，那完全可以在原地下葬！

抬棺人

　　我们在北京最愉快的经历是偶遇了中国绅士杨先生（I. C. Yang）。他家的门牌上写着，杨先生是一位汽水制造商，还是内城最大的经销外国商品的百货店老板。在刚刚过去的那段紧张时期，这位思想前卫的制造商兼商人曾为美国警卫队的指挥官担任翻译，正因如此我们才有幸与他结识。我们与他谈笑风生，他是为数不多的能够理解西方视角的东方人之一。他在百忙之中挤出宝贵的几日时间带我们在城里逛逛，还将自己的马车与马供我们驱遣使用，让家中的仆人为我们跑腿办事。他无法抽身时，就会派一名机灵的翻译陪我们坐人力车出行，翻译像多年故友一般与我们谈笑风生。但凡我们表达出一些想法和意愿，他们总能立即做好安排。我们有兴趣去看看当铺，而杨先生本人就是城中最大的贷款机构的

精心制作的灵柩

沉重的棺材

杨先生

股东之一，于是我们受邀与当铺的经理们喝茶，并在他们的办公室里首次体验了中国人有趣的待客之道。我们从烈日当头的街道上赶来，风尘仆仆、大汗淋漓。主人一见面就递上热气腾腾的毛巾，是刚从热水中捞出并且拧干的。热毛巾敷在脸上，令人疲惫顿消。等每个人都享用过热毛巾后，精美的瓷茶盏中已经斟上了茶，茶盏带盖，以便在啜饮香茶的时候拨开茶叶。接着，主人又端上来切

生意兴隆的当铺

成片状的西瓜以缓解我们的焦渴。我们倍感舒适快意。我们在主人陪同下来到院子或天井里，观赏一些古董珍玩。我们挑选了一些雅致的鼻烟壶，它们以玉石、水晶或玉髓制成，个个精美绝伦。但最令人惊艳的是摆放在办公室里的一只鼻烟壶。我们询问价格，却被告知是无价之宝，因为主人不肯出售。尽管如此，主人又执意让我们将它带走，他坚决将它作为礼物赠送给我们！这个诱惑实在太大，我们最终接受了。

接着我们又受邀去北京现存的最好的餐馆吃饭。之所以用"现存"这个词，是因为联军入侵期间，几乎没有什么像样的建筑能留存下来。在这家餐馆里，我平生第一次吃到了一套完整的中

待客有道

几位老板

帝国残影：伯顿·霍姆斯 1901 年行记

中式晚餐

美联社

国筵席，宛如打开了一扇新世界的大门：从未品尝过的滋味，从未体验过的美食；全然不同于我们国家的烹饪，却又精妙绝伦——论技巧之高超、经验之丰富、创意之精彩，可谓独树一帜。我无法言明具体吃了些什么——那些食材也许听来让人没什么胃口，事实上我们也没有多做打听。每道菜都新奇而美味，这已经让人心满意足了。我在席上品尝到了最美味的肉菜。羊肉被切成肥瘦相间的薄片，比我吃过的任何肉类都美味得多，甚至像一种前所未闻的新型食物。至于这道菜背后的烹饪秘籍，我当然无从知晓。吃饭自然是用筷子，也就是两根细长的乌木棍，并用三英寸见方的纸巾擦拭干净。觥筹交错之间，数不清的菜品轮番上桌。我们逐一品尝了一道又一道中国厨子的神奇创意，然后回到菜单开头，"再来一份"琥珀桃仁、莲藕或者咸鸭蛋。席上的饮品有滚烫的茶水与温热的米酒。米酒盛在茶壶状的锡镴壶里。我们吃得太撑，几乎无法消化。

我们的另一位当地友人只是暂居北京。作为一名著名记者，他为美联社与路透社做新闻报道，让英语世界的人们了解北京的局势要闻。他将一栋中产阶级的中式宅子做了改建，以满足一名挑剔的单身汉的居住需求。他与书籍报纸做伴，生活安宁惬意，这很适合像他这样倾听历史并传达给百万听众的职业——他的听众们远在地球的另一端，每天早间一边喝着咖啡，一边谈论他的报道。尽管北京拥有全世界历史最悠久的日报——也就是官方出版的《京报》（*Peking Gazette*），但本地报业似乎并不繁荣。当地报纸都是贴在墙上的布告栏中，最新公告是新的掌权者发出的警告——在此时局稍有平复之时，警惕有些人意图再度挑起仇恨情绪。公告说："愚民

"洋鬼子"的公告

时髦的餐厅

美国公使馆门前

　　　　　　　　　　　　　帝国残影：伯顿·霍姆斯 1901 年行记

官轿

滋事，袭击洋人，殃及同胞，务必避免重演，云云。"不过，最为人长久铭记的公告当属八国联军侵占北京后张贴的那张。在这座都城的历史上，这还是第一次有人以"洋鬼子"的名义对北京市民颐指气使，发号施令。这一系列公告均采用寻常的中国印刷方式，也就是将一个个复杂的汉字手工雕刻在一大块木板上。印刷的过程非常艰辛，需要先将雕刻完成的木板涂上墨汁，然后将大幅纸张覆盖在雕版上印刷才算完成。

北京城中有一个地方让我们颇感兴趣，那就是美国公使馆（Legation of the United States）。我们走近那里的门房时，不难辨识出前不久中国人的子弹留下的印迹。此外他们并未造成其他的损坏。留在砖石砂浆表面的划痕都是水平方向的，说明子弹来自左侧或右侧。当时义和团在使馆街的两头建起了堡垒，想必子弹就是从那里射出的。

事实上，在1901年的8月，也就是事变发生一年后，周遭的一切已经恢复如初，让人很难再想起那一段时期。公使馆的生活一如往常地平静而奢侈。女人们也不再畏缩家中，而是可以自在地乘坐浅绿色官轿出行。北京被威吓了，义和团被遗忘了。一位"当时在场"的人士陪我们在美国公使馆的庭院里散步，很难想象这个地方在短短几个月前惨遭焚烧且火势不断。迈耶斯（Meyers）带领了一小队人奋力保卫，及时夺取并坚守了公使馆后面一段内城墙，否则这地方将无法留存到今天。在那段时间，美国驻华公使康格（Edwin Hurd Conger）是他们心中的中流砥柱。其中一位亲历围攻的女士告诉我们，康格先生所说的一字一句，甚至一颦一笑，对饥肠辘辘的坚守者而言无异于"珍馐美味"，他乐观积极的话语让所

美国驻华公使康格

第一批侵略军入城经过的水关

英国公使馆门前

帝国残影: 伯顿·霍姆斯 1901 年行记

英国公使馆的围墙

有人甘之如饴。我们还发现，北京城中不乏一些熟悉并敬重康格先生的人，他们完全无法理解美国国内一些报纸对他的批评。

尽管美国公使馆从未落入义和团之手，但当时美国公使馆的人员都前往英国公使馆避难，因为那里的围墙更坚实牢靠，空间更宽敞，距离城门也更远，而中国人在各个城门上都架设了枪炮。英国公使馆门前还有一条水渠，能起到护城河的防御功能。只消看一眼那临时搭建的堡垒一角，就能想象当时枪林弹雨的惊险场面。墙头上仍堆叠着厚厚的沙袋。在那片弹痕斑驳的墙面上，幸存者们怀着沉重的心情刻下了几个字："永志不忘"。

战斗的痕迹随处可见——遍地都是被弹壳削下的碎石片，刚拆除的堡垒也留下一地残砖碎石。人们为重修建筑还搭建了许多脚手架。除了紧邻防线中央的几座建筑外，周围一带遭人纵火，已被彻底焚毁了。除了巨大的财产损失，还有大约六十名欧洲人丧生。而公使馆居然能坚守长达五十六天，如今想来颇有些难以置信。如果义和团在防线建立之前就发起猛攻，恐怕只需一天就能攻陷所有公使馆。不过，那些义和团的拳师只会虚张声势，他们远离防卫森严的堡垒高墙，在周围的街上聚集成群，耀武扬威，不停地高喊"杀！杀！"以图威吓洋鬼子。在这场耸人听闻的围攻事件中，狂热民众始终在齐声怒吼，凶恶的叫喊与愤懑的咒骂不绝于耳，令人胆寒。

当时，公众的注意力更多聚集于公使馆的防御与救援，鲜少有人留意到另一地区也发生了围攻，且迟迟得不到救援。那就是被

美国公使馆的居所

北京的客栈

告示

英国公使馆院内

　　　　　　　　　　　　帝国残影：伯顿·霍姆斯 1901 年行记

公使馆内的住所

围困后的残垣断壁

枪林弹雨的痕迹

地雷的威力

称为"北堂"（Pei Tang）① 的法国天主教大教堂。北堂围困早于公使馆。在法国天主教驻北京总主教樊国梁（Pierre Marie Alphonse Favier）的带领下，约三千名天主教徒面对围攻教堂的义和团，坚持抵抗了长达两个月。这群人中，既有法国牧师与"慈悲修女会"（Sisters of Mercy）成员，也有手无寸铁的教众，还有中国妇孺。他们拥入天主教堂的大院，在敞阔的楼房里避难求生。一队士兵——包括三十名法国海军士兵和十名意大利海军士兵——在最后时刻奉命赶到，还带来了四十支步枪。北堂的基督徒们击退了围攻教堂的军队与义和团。教堂经受住了整整二十四天接连不

① 又名西什库教堂。（译者注）

一位修女

断的炮火，其间超过两千枚炮弹落在教堂的墙内。亟待保卫的围墙总长超过 1400 米！在一位主教的带领下，牧师与伤兵们孤注一掷，发动突袭，夺下一台加农炮。守卫教堂的人们筋疲力尽、饥饿难耐，时刻警惕炮弹飞进墙内引起大火，并及时扑灭。无以计数的义和团蜂拥而来，尽管天主教徒的人数在逐渐减少，他们却仍然抵挡住了一轮又一轮的袭击。

后来，攻击者开始埋设炸弹。尽管守卫者以反爆破措施应对，仍有四枚炸弹被成功引爆并造成了惨烈的伤亡。

北堂

德国公使遇刺地

　　我们此前不知晓地雷的威力。可只需看一眼教堂旁边宛如血盆大口般的弹坑，就心惊胆战。有一处地坑如房舍般大小，它摧毁了"慈悲修女会"的医院，吞噬了一百多条人命，其中还包括五十三名病童。随后发生的一系列爆炸更是夺取了多达四百人的性命！

　　在北堂的受困人群中，妇女占了大多数。乍一听说，我们颇感惊讶，但一位修女说道："没错，这里有许多妇女。但这本身就是一种力量，也让守卫者勇气倍增。"

德国侵略军的新兵营

　　满目疮痍的大教堂很快就重建一新。现场的许多凿石工人，正是一年前砸墙的义和团狂热分子。我们造访北堂时正值礼拜日，但四下里仍回荡着勤勤恳恳、断断续续的斧凿声。

　　城里的人们也已恢复平静，在他们眼里，更明显的变化发生在使馆区，这里已经变成了一座入侵的国际联军的要塞。德国人建起一座能容纳五百人的大军营，围墙森严，易守难攻。美国人也给一百五十名士兵安排了类似的营房。其他国家正准备往北京派驻军队——美其名曰"使馆警卫队"。

清朝皇帝的龙椅

数百年来，北京著名的紫禁城威严矗立，高墙环绕，黄瓦闪耀，显得庞大而神秘。那些高堂威仪，或深宫秘事，从不会对外面的世界轻易透露半分。就在1901年，八国联军撬开了紧锁的大门，本书中的照片正是在那段时间拍摄的。就目前所知，这些照片应当是紫禁城内部唯一永久保存下来的图片资料。而那之后，紫禁城再一次对世人关上了大门。

紫禁城印象

3

The Forbidden City

　　北京城是一个矛盾体。它既粗鄙肮脏，又华丽煊赫，惹人喜爱。

　　若登上城门的威严塔楼，或站在宽阔的城墙上，或从皇城中那些寻常人无法踏足的、神圣庄严的人工山丘上俯瞰，北京就是一座高墙环绕、金碧辉煌的大都市，优美典雅，极具艺术感。

　　我们已目睹过京城百姓的悲惨处境，此前的外来者也只能知晓这一方面。现在，我们要去一窥世人未曾得见的另一个北京：那个"天子"与王公重臣的北京，那个专属于极少数位高权重者的北京。北京城的规模之大，远超于世界上其他所有的伟大都城。

　　在我们的国家，城市都是自由生长，杂乱铺展的。随着城市日渐富庶，人们也会做一些规划设计，以求美观或对称。但规划往往应遵从已有街道或建筑的需要。

　　但北京的建造严格遵循既定规划，以彰显天子高不可及的权威与不容侵犯的尊严。城市的建设者们制定方案并严格执行。整个蓝图的中心点正是中国皇帝即"天子"的龙椅，他高居于此，统治着四万万子民。围绕着龙椅排列着多座宫殿——整座紫禁城构成

前门的侧拱门

前门

于南城门上远眺

内城城墙

帝国残影：伯顿·霍姆斯 1901 年行记

北京的遮阳伞

一个金碧辉煌的四边形，深锁于淡紫色的森严高墙内，绕城一周长约二又四分之一英里。

紫禁城之外，沿着方形的四边延伸开来的便是皇城。这里林木葱茏、清池荷风，遍布着岛屿、园林、山丘与神祠，当然还有王公贵族的居所。皇城开阔，轮廓并不规整，有城墙环绕，周长约为六英里。

再往外就是内城了。这座以满族人为主的城市占地辽阔，几近方正，四边各有高墙耸峙。内城周长约十四又四分之一英里。城墙之高大超乎想象，宛如一条山脊横亘在内外城之间，其内是寂

南城门外一处全景

寥的皇城与内城——清朝统治者的宫阙营垒，其外是萧瑟的外城。城墙高约五十英尺，最高处宽四十英尺，墙面悬空，建有扶壁，彼此相间六十码 ①。

内城以外的土地平整、良田辽阔，向北、东、西三面延伸，可达长城、海滨、高山与沙漠。内城南侧簇拥着另一群高墙环绕下的楼宇屋舍，也是另一个破败与华美共存的四边形城市。这座外城与内城在规模与人口方面不相上下，只是城墙稍显逊色。外城城墙总长约十英里，自内城的两个角向外延伸，将这片广阔的郊区地带包围起来。

---

① 　1 码为 0.9144 米。（译者注）

　　因此，环绕内外两城的城墙总长达到近二十五英里。无论是建造这些城墙，还是规划墙内的各种建筑，建造者们始终都在考虑它们与紫禁城中央那座龙椅之间的相对位置。

　　皇帝的龙椅就位于内外两城的轴心，主要的几座城门也都坐落于同一条中轴线上。这条轴线正好是北京城的主干道，它起自外城的南大门，一路连通起"禁城"中的若干城门，延伸至"禁城"里的铺石道路，再穿过许多城门与庭院，一直通向一段大理石台阶。拾级而上可步入"太和殿"，在殿内一座朱红与金漆的高台之上，安放着天朝都城的重器——大清皇帝的王座。在1901年外国入侵者打破传统防线、闯入皇城禁地之前，这处皇居始终高墙深锁，防卫森严，隐匿在世人的目光之外，是全世界最神秘的地方之一。但此时，在这些高墙之下，神情木讷的本地劳工正在为英国

在内城里

侵占老城的铁轨

帝国残影：伯顿·霍姆斯 1901 年行记

煤山 ①

———————————

①　即今天的景山。（译者注）

哈德门

铺设铁路

帝国残影：伯顿·霍姆斯 1901 年行记

从哈德门向东南方远眺

侵略军中的英属印度裔军团

印度双轮马车

天坛皇穹宇的蓝色琉璃顶

人力车夫

满族家庭

人铺设铁路。此番情景，与那古老的城墙一样，都彰显着沧海桑田般的变迁。哈德门附近的城墙被凿出一个缺口，在未来一两年内，这里即将通行从圣彼得堡远道而来的快速列车。美国公使馆后面正在建造一座客运车站，两者之间仅隔一段内城墙。尽管慈禧曾多次下令拆除这段铁路并停止建设车站，但圣旨似乎没什么效力，城里依然大兴土木，广修道路。眼下的北京已然成为横跨欧亚铁路线上的一站，并即将组织起更完备的服务。在不久的将来，北京当地的手推车就会被来自巴黎的卧铺列车挡住去路；嘎吱作响、行动迟缓的脚踏车与缓慢的蒙古骆驼队也将很快对新式火车见怪不怪。

我们登上哈德门城墙，走过一段和缓的斜坡登上最高点，在此向南眺望。整座外城看起来像是由低矮参差的屋顶组成的荒原，单调乏味，罕有高耸的地标性建筑，而只有四周围绕着的城墙与巍峨的城门，以及天坛的祈年殿除外。天坛坐落于外城东南角一处一英里见方的园子中，多年来从未有外国人踏足这个宽阔而静谧的圣地。可就在八国联军侵占北京城期间，这里成为英国军队的指挥中心。当我们于1901年前去探访时，孟加拉骑兵队将此地当作宿营地。作为白人，我们在北京几乎所有地方来去自由。英属印度裔军人会向我们敬礼致意，白人士兵允许我们自由通行，而中国人虽不愿自己的圣地遭人践踏亵渎，但也不敢抗议。沿着一条长长的林荫大道，我们来到了一座优雅的庙宇前。它有着蓝色的屋顶，汉白玉基座，像是摆放在雪花石膏底座上的喷漆首饰盒。眼下，北京城里的许多事物都乏人关心，这里也不例外。但庙宇保存完好，屋顶的瓦片与汉白玉的地砖缝隙里长出的野草绿意盎然，愈发烘托出建筑的美感。它的正南方矗立着全中国最神圣的祭坛——"祭天坛"。每年一度，皇帝会在文武百官的簇拥下举行大典，敬天礼神，向唯一高于天子的神明祝祷祈福。祭坛与庭院都铺着大理石板，中心的圜丘被认为是宇宙的正中心。在此之前，天坛如同北极星一样，对寻常人而言是遥不可及的存在；而如今，这片独一无二的圣地每天遭受着洋人的踩踏，赤脚的中国苦力也时常涉足其间。我们俯下身子，仔细打量那块大理石圆盘，发现有人竟然在"天心石"的石面上留下了"汤米·阿特金斯"的签名！这着实出人意料。我们还在附近发现了一些金属火盆和某个类似火炉的东西，里面残留着一只献祭动物的残骸——尚未全部烧为灰烬，散发出令人不快的气味，连我们的人力车夫都觉得恶臭

"宇宙的中心"

天坛公园

神圣公园内景

圜丘

天坛

难闻。

现在的人力车夫们能享受到以往做梦都不敢想的特权。他们特别热衷于为各种旅行团搬运摄像机，因而便有机会踏足那些禁区。但他们又不太敢贸然直视，唯恐将来皇帝回来，寻常百姓也许会因为亵渎了京城圣地而遭到惩罚。

往北几百码的地方，有一座类似的汉白玉建筑，名为"祈谷坛"，坛上建有一座名为"祈年殿"的三重檐大殿，堪称北京城内最美丽的建筑。此处敬奉着中国最古老的信仰，但这座大殿却是在十年前新建的，以取代此前在火灾中焚毁的旧大殿。大殿上下，细节精美。那藻井尤其精致，令人叹为观止。墙面装饰的内容丰富，色调和谐，无一不体现出中国艺术的生命力，表明中国的建筑师与画师们仍承继着古代大师的艺术传统。中国刻工的手艺也同样高超。那汉白玉栏杆刻得细腻精美，大石板上的图案栩栩如生，鲜明有力，打破了这条台阶僵硬的线条。不过，如此精致美观的石板却并非仅用于装饰，而是还构成了"御路"，因为"天子"尊贵的双脚绝不能像寻常人那样直接踏上台阶，而是沿着倾斜的汉白玉石板款款向上，凌驾于雕龙图案的石板之上。善男信女来此祈祷子嗣繁衍、人丁兴旺，但这一处祭祀圣地也不乏自然之美，林木葱茏，错落有致，恰到好处地缓和了中式建筑略显僵硬的几何线条。倘若这些照片仍未充分展现出祭坛与大殿遗世独立的孤绝感，以及园林广阔而寂寥的美感，那我必须重申一点：整个园林周围环绕着的周长四英里的高墙，将园中的一切与外面的喧嚣尘世隔绝开来。当然，这些高墙仍处于北京的城墙以内。与之相邻的先农坛——此时被用作美国军队的指挥部——也是高墙环绕，同样

　　　　　　　　　　　　　　帝国残影：伯顿·霍姆斯 1901 年行记 ——

祈年殿

通向天坛的道路

精致繁复的细节

美轮美奂的藻井

祈年殿背后

精雕细琢的台阶

坐落在城墙以内。我们在先农坛只看到了使领馆警卫队，即第九步兵团的一百五十人，他们正准备在使馆街的新兵营建成后撤离此处。先农坛是北京城中另一处皇宫禁苑，四周环境开阔，天子每年来此以手扶犁，耕八沟，作天下表率。随后，文武百官再作效仿。礼成即意味着朝廷准许春耕农事的正式开启。

不过，我们此时来到这无人涉足的神秘禁地，却是为了与美军指挥官的妻女一同喝茶，因为他们临时安家在这殿内。

先农坛大门

先农坛

帝国残影：伯顿·霍姆斯 1901 年行记

占领先农坛的美国侵略军

　　我们搭乘人力车前来，闲谈之间还要请驻守紫禁城的罗伯森上校（Major Robertson）给我们颁发一张进入许可证。这些看似是寻常小事，可当我们终于拿到那张令人艳羡的许可证后，我们才意识到这几日在北京的所作所为，在短短一年前对外国人而言是白日做梦，绝无可能的。在20世纪初来到北京的旅行者着实幸运。紧锁数百年的大门，如今大敞着；神秘莫测的宫闱与庙宇，如今袒露着，只要有胆量，谁都有机会去窥视那些神秘的角落。被重重包裹在百年风尘中的往昔，总能跨越时间，来到我们的面前。这里有个诡异的特点，所谓"现在"有时是指过去，而所谓"过去"有时却仍是指现在。这么说也许有些晦涩，可当我们谈论中国的时候，却又妥帖不过。就连北京城的街道都是晦涩的——有时候，无人看管的小孩子甚至会跌进深渊般的泥潭而丢掉性命。若你只见到北京肮脏的街道与破败的建筑，你可能会就此认定这是全世界最骇人的城市。但这其实是错误的印象，是看了太多琐碎细节形成的井蛙之见。确实，北京的大街不太规整，许多房屋也疏于修缮，但正如我此前所说，在某些方面，北京堪称全世界最可爱的城市，是一座绿意盎然、金碧辉煌的美丽天堂。在皇家园林①里，遍遍的泥潭变成了一片片荷塘；倾颓的大门让位给优雅的汉白玉长桥；通常竖立着牌楼的地方，矗立着华贵威严的大门，绿瓦莹耀，彩漆斑斓。优美的人造高地上点缀着若干纪念性建筑，它们形状各异，千姿百态，在此登高远眺，视野极佳。我最喜欢的一处景致就是莲花湖与汉白玉桥——洁白无瑕的汉白玉长桥横卧于绿波之上，荷叶浮荡摇曳，白色的荷花点缀其间，宛如碧波中翻涌起点点白色泡沫。这里的景致线条柔和，绿意盎然，亭台华美，如诗如画，也让我们暂时忘却不远处陌巷中的惨淡民生，全然寄情于这片煊赫盛景之中。

放眼四顾，无一处不秀丽典雅，美不胜收。俯瞰之下，北京城更显庄严优美。不仅如此，至少从高处望去，它并不像一座城市，倒像是一座经过精心修剪的森林。真没想到竟然有那么多树木隐匿于街巷深处，藏身在庭院内。只有少数人有幸登高俯览，

---

① 指今天的北海公园。（译者注）

美丽的白塔

皇家园林

莲花湖与汉白玉桥

在皇城内

从当年王公贵族驻足的角度一窥城中全貌。城墙内的最高处是煤山，据说是历朝皇帝为了应对围城之困，用大量的煤土堆积而成。不过，至今尚未有人真的在这座金字塔般的土堆里采掘，以求检验传言的真伪。山顶有一座亭子，恰好与南北两座城门及绵延的皇宫中轴线成一条直线。这座罕有人登临的亭子坐拥着俯瞰紫禁城的绝佳视野。紫禁城的紫色高墙，还有数不胜数的各种建筑，屋

通向煤山

自煤山俯瞰紫禁城

帝国残影：伯顿·霍姆斯 1901 年行记

煤山北望

紫禁城西面的护城河

紫禁城城墙的西北角

琉璃黄瓦如连绵波浪

紫禁城全景

顶皆覆以明黄色琉璃瓦。无论是大殿高堂、门阙庙宇，还是游廊
庭院，皆装饰繁复、庄严华美，且和谐对称，是全世界最美轮美
奂、最引人入胜，也是最神秘莫测的禁地之一。但如今"神秘"
一词已不再适用，深宫秘事早已昭然天下。但紫禁城的风采依旧，
我们也很幸运地能在这几天来到北京，一窥真容。把守紫禁城城
门的是美国第九步兵团，正是他们刚刚击败了城门口那些装备落后
的清朝皇家卫队。

　　在此战争时期，就连天子殿前的守门人也有些不同寻常。数
年前谁会想到，在1901年时造访神秘的紫禁城，居然要向美国第
九步兵团的军官申请许可呢?

　　在出示入城许可之前，我们再一次来到莲花湖小岛，在那座

进入紫禁城

造型奇特的白塔旁饱览眼前的美景。从此处通向龙椅仍有漫长的一段路程，需经过一连串的门楣与庭院，起点就是最右侧第一座有着明黄色琉璃瓦的大门，这是通向皇城的大门。此后还有第二个类似构造的大门。而第三座大门是通向最内部所谓"禁城"的主入口。在此之后，一连串高堂大殿沿着内外双城的矩形中轴线逐次铺展开去。在它们的后方，也就是照片的左侧，是帝王私家的园林与庙宇，内殿与寝宫则位于毗邻西侧宫墙的那些低矮建筑之中（见插图"紫禁城全景"）。

　　如此一来，我们对紫禁城的全局便有了大概的印象。先穿过中间的拱门走向外侧大门，此处可以看到第二重大门。我们尽可能加快步伐，因为这段路很长，要走好几百码才能抵达下一重壮观的大门。是如何精巧的设计，才能给皇家居所营造出这般庄严

石狮

壮观的大道

城门外

紫禁城端门

紫禁城午门

紫禁城门口的侵略军换岗

汉白玉台阶

紫禁城的入口——午门

紫禁城中第一座院落全景

青铜狮子

高贵的氛围啊！那些占地广阔的庭院，即便眼下有些败落，却仍令人印象深刻。过去，来自各个附属国的使节想必深感其威赫声势，仿佛置身于宇宙主宰者的居所。即便走到近前，第二重大门的庄严气度也丝毫不减，看起来依旧是高高在上，令人敬畏。汉白玉华表的雕工极其精美，云板仿佛横生的羽翼，翩然的动态凝固在大理石中——不动，也不变，经年累月地保持这个奇怪的形态。一座座汉白玉桥呈现优雅的弧度，横跨在干涸的护城河之上。外墙饱经战火摧残，至今仍有血污残留，汉白玉栏杆也损毁过半。朱漆廊柱支撑着宽大的重檐屋顶，与宫城里所有的建筑一样，屋顶上都覆盖着重达数吨的黄瓦。我们在这一片区域可自由通行，不经意走进了另一处庭院。庭院的远端有另一重大门，与此前的大门形式相似，但更为高大，而且两侧环绕有配楼和塔楼——侵略军在这些建筑上都留下子弹与炮弹的斑驳印迹。这座大门散发着愠怒的气息，令人不敢靠近。我们走上前去要求入内参观，内心思忖着那低矮门房里的卫兵会对我们报以怎样的态度。说实话，就算此时冲出一只怪兽，我们也不会觉得意外。在这样的地方，再怎么奇异或骇人的情形都不足为怪——但我们还是被眼前出现的卫兵惊呆了：既不是狰狞冷笑的怪兽，也不是令人胆寒的巨人，竟然只是一个面带微笑、形容憔悴、穿着卡其色军装的美国原住民男孩。他想必是来自遥远的沃巴什河畔一个不知名的小镇，此刻却站在这里，手握放行或禁入的大权。这些宫殿曾经的主人是自称为"天子"的中国皇帝，将地球上三分之一人口的命运尽数掌握在手中。可这位大权在握的士兵却对我们吐露了心里话："这工作真

青铜神兽与鎏金水缸

太监提供的茶水

门口的茶点

皇城内的仆从

是无聊得要命！"

　　此门通向另一处庭院，其中的汉白玉桥、高台与石阶皆与此前所见相同，不免有些乏味。这里是紫禁城的第一座院落，守护神秘的门槛，处于未知世界的边缘。即便眼下，这一院落也处于美国属地与中国属地的中间地带。尽管美国士兵驻守着外面的大门，里面的大门却仍由皇帝的仆从把守，这些人特意留守在此，以保护圣地。他们手握钥匙，将大门牢牢闭锁。可当美国大兵陪同观光客到访时，他就不得不奉命将大门一一打开了。此番动作拖延了许久，因为禁地又要遭到亵渎，这群"野蛮人"不识礼节，又过分好奇。这令衣着光鲜、气质神秘的天朝守卫们痛心疾首，却又不得不从命。大门似是抗议一般发出嘎吱嘎吱的声响，最终还是打

　　　　　　　　　　　　　　　　　帝国残影：伯顿·霍姆斯 1901 年行记

开了。

我们继续前行，由两位天朝官员前头带路，身后则有一群高挑而气质阴柔的随从跟随。我们走过了一个又一个庭院，在汉白玉台阶上拾级而上，穿过一座又一座宏伟的大殿，再走下大殿后的台阶——这一路让人恍惚觉得整座紫禁城没有尽头。

我们惊讶地发现，紫禁城似乎没有一个中心点，或者说，这里有三个中心，因为占据中心位置的龙椅并非独一无二的，而是有三。这三座高大的龙椅宛如精美华丽的祭坛，高居于三座神秘幽寂、空空荡荡的大殿之上。我们穿过第一座安置着龙椅的正殿，来到另一片石子铺就的庭院中，院子西侧另有一座宏伟的建筑；院落之外还有另一座院落，那里巍然矗立着第三座正殿。阳光倾泻而下，灰色旗杆石与汉白玉楼台上面热浪涌动，令整个院落看起来流光溢彩。环顾四周，弧形屋顶优雅而庄重地向上伸展，檐上的黄色琉璃瓦宛如明光灼灼的铠甲，亘古不变，长久守候；而每座大殿内部却像墓穴般昏暗阴冷，一片死寂。这是初来乍到的第一印象。我们热切地注视着，目光可辨识出一组微带红色的高大的鎏金圆柱，从脏乱的地板上拔地而起，一直隐入头顶上方幽深空洞的暗影深处，雕梁画栋之间还可见到云龙盘绕，张牙舞爪。随行的侍从显得很不耐烦，可眼前的一切却让我们这些洋人目不暇接，留恋许久而不肯离去。

龙椅居于装饰繁复的高台之上，可从几条红漆栏杆的小台阶登上。除此之外，整个大殿别无他物，空空荡荡。左右两侧摆放着青铜鎏金和景泰蓝的装饰品——香炉、花瓶、神龟与仙鹤，每一样都摆放在精工细作、花纹繁复的亮漆黑檀木或柚木桌案上。

龙椅所在的太和殿

　　　　　　　　　　　　　　　帝国残影：伯顿·霍姆斯 1901 年行记

听政的大殿

中和殿

一片狼藉

龙椅

龙椅更是巧夺天工，可谓凝聚了这块珍稀木材的全部精华；未留姓名的能工巧匠将其雕刻成形，又不知花费了多少心血与耐心。其中一座正殿中的龙椅最为华美贵气，后面摆放着一座金漆屏风。屏风设计精美、工艺精湛，看上去是以金丝织成的镂空浮雕。

　　上述未免误导读者，诸位请别忘记此番富丽堂皇场景里的物品都已是旧物——不是岁月沉淀后留下的醇厚，而是因无人修缮而呈现出的陈旧与破败。照片总能够掩盖一些腐朽破败之相，无论是美人还是王座。眼前那些昏暗污秽的殿堂，在照片上看起来仍似三百年前初建成时那般金碧辉煌，可真实的状况着实令人心酸。原先浓密柔软的地毯，如今已肮脏破旧，覆盖着足有几英寸厚的灰尘与污物；野鸟在房梁上做窝，我们迈进那一刻，原本空廓无声的大殿顿时响起了鸟儿惊恐翻飞的声音。金漆闪耀的高台栏杆都已开裂或折断。这里的一切都在控诉着长久的遗弃与忽视。

　　恢宏大殿是专供臣子膜拜的，而后方的御花园则充满了各种奇思异想——姿态万千的奇石、威武的雄狮、凶猛的飞龙、优美的铜香炉，还有各种精雕细琢的碑刻。园中有一棵古树，据说比紫禁城还要古老，仅靠几根支柱就撑起了整整五个世纪的重量。我们又去看了一眼宗庙，但光线太过昏暗，无法辨别庙里的诸位神像。随后我们被带领着穿过高墙夹道的小巷，走过许多黄瓦高门，最后来到了皇帝、皇太后的寝殿。每座寝殿都是一组建筑群，琉璃外墙，通透澄明，宛如一座座水族馆。四周环绕着石子铺就的庭院、带屋顶的露台与蜿蜒的游廊。庭院中摆放着铜质龙凤、鎏金水缸与精雕细琢的香炉，俨然一座高雅的博物馆。房间里摆放着许多钟表，表明这位光绪帝似乎与路易十六一样热衷于收集各

御花园

类奇异精巧的计时器。我们数了数，其中一间里共有二十七座钟，与之紧邻的走廊里还摆着四座巨型钟。毫无疑问，橱柜中还有为数众多且更加小巧珍稀的藏品。我们获准——应该说是自以为如此——进入了皇帝就寝的内殿。看着他那张床榻，想必他曾卧身于此，梦想自己的帝国独立自强、不断进步，却也因壮志难酬而满心愤懑，辗转难眠。尽管侍从们百般不愿，我们还是迫使他们打开了一扇小门，走进一间游戏室——其实是一个低矮、神秘而温馨的套间，有许多橱柜般大小的小隔间——对于眼下这位受万众敬畏却又毫无自我意志的充满孩子气的年轻皇帝而言，这确实算是

天子的御座

宗庙背后

天子的居所

个有趣的藏身之处。他的疆土覆盖了全球四分之一的可居住面积；他的子民占了全球人口的三分之一。可如今，他的处境与囚徒相差无几，一举一动皆受到皇太后的摆布。这位精明强干的老妇执掌大权多年，她本人无异于政府本身。皇太后寝殿之奢华靡费，也远胜于任何一位傀儡皇帝。

不过，相比此前所见的恢弘雄壮却鲜少使用的正殿，皇太后的寝殿也可算是朴素了。她的寝殿面积不大，床榻所在的内室逼仄而不透气，所谓的"客房"甚至散发出一些霉味，全然没有所谓的"舒适感"。屋内装饰主要是外国制造的钟表。摆放的中国艺术品之中，有些堪称精品，有些不过是北京城寻常店铺里那些俗丽的玩意。唯一彰显皇家气派的物品是铺着明黄色软垫的宽椅或软榻。相比于观赏金碧辉煌的公共建筑，我们更有兴趣窥探深宫，因为这里是整个中国的心脏所在，是其首脑运筹帷幄的居所。想象一下，就在那边的床上，手握千万人生杀大权的皇太后午夜梦回，是否也和普通人一样心生彷徨，暗自发问："为什么是我？为什么不是别人？""我是怎么一步步走到了这里？"在那软榻上，庞大帝国的女主人曾小憩片刻，也和普通人一样只觉人生如梦，万事皆空；就在这四面高墙之间，这位权倾朝野的女人曾在此活过、爱过、苦过、恨过、谋算过、得胜过；她比这个国家中任何一个男人都要强大。

我们沿着来时的路线离开了紫禁城，再一次经过了优美的御花园、庙宇般威严的大殿，还有许多敞阔的庭院，整个皇居显得空旷而壮观，更有一种远离世俗的神秘感。可如今这里再无神秘可言，宽阔的空间被仔细丈量，雄伟的建筑被分门别类登记入册，那种远

天子居所的庭院

离尘嚣的氛围也已消散殆尽，这个曾经无人敢擅闯的禁地，如今却由一个美国原住民小子来把守。

请别忘记，就在 1901 年 7 月 17 日，驻扎于此的美国军队从城门撤出，将这块被侵犯后的圣地交还给中国军队。于是这里再次成为外国人的"禁地"，不过未必那么绝对。若非战事，外国军队绝无可能进入北京城，看到那些优美庭院与辉煌宫殿。

在我们逗留北京期间，许多皇室属地就已经谢绝外国人参观了，其中包括著名的"夏宫"颐和园。它就坐落在距皇城西北大约 12 英里的山脉的山脚下。我们很幸运地获得了特别许可，在 8 月里一个阳光灿烂的清晨，从哈德门大街的旅馆出发了。我们的座驾在天朝都城的大街上很少见，这辆由四头蒙大拿骡子拉着的军用"救护车"是美国警卫队的指挥官罗伯森上校给我们的。尽管北京的街道状况很糟糕，但车子载着我们有惊无险地行驶了好几英里。驾驶这种高大的马车需要极其高超的技巧，堪比在美国的狂野西部驾驭大篷车。我们的司机叫"老康纳斯"，他载着我们穿街过巷，驾驶水平堪称"神技"。我们经历了数百次直角急转弯，真是如临深渊，胆战心惊。多亏了老康纳斯的沉着冷静，我们跌跌

精美的铜鼎香炉

天子的寝殿

皇太后的议政厅

皇太后的会客厅

皇太后的庭院

高墙夹道

离开紫禁城

　　　　　　　　　　　　帝国残影：伯顿·霍姆斯 1901 年行记

西北城门

美国侵略军的"救护车"

蒙大拿的骡子

帝国残影：伯顿·霍姆斯 1901 年行记

通往颐和园的石板路

城郊的村庄

颐和园牌楼

万寿山

撞撞，左闪右躲，虽饱受惊吓却也基本完好地抵达了内城的西北城门。一出城，道路豁然开朗，一马平川，一条汉白玉御道远远延伸开去。毕竟皇室每年要多次行经这条御道，难堪舟车劳顿之苦。此时的我们乘坐着最快速的车辆，在这片丰饶而宁静的原野上轻松飞驰。老康纳斯告诉我们，他在菲律宾服役期间做过最痛苦的差事，就是驾着这辆"救护车"，将为了救人而不幸牺牲的战友劳顿带回军营。如今他正驾着这辆具有历史意义的马车，在天朝的宫殿之间来回奔波，着实有些奇怪——明明是一辆美国马车，却行驶在与之格格不入的东方土地上。如果说这寻常的乡间景致对我们而言是新奇而美好的，那又该用什么词汇去形容目的地颐和园呢？"东方""美丽""奇异""新奇"，或"超乎想象"，这些词都不足以表现出这座东方名园的独特魅力。正如东方谚语所说，"百闻不如一见"。此处建筑造景之巧夺天工，自然环境之优美纯粹，还是请诸位用自己的眼睛去细细观赏吧。

古朴典雅、优美精致与新颖奇观，在此处融为了一体。看汉白玉皇家船舫①的线条何其优雅，工艺何其精湛，就像一叶扁舟轻盈地漂荡在优美的人工湖面上。其上簇拥着各式亭台楼阁，其下碧波中映出斑斓多彩的倒影。汉白玉船舫的尾端紧接一桥，飞檐弯翘，造型独特，色彩丰丽，工艺精湛。据说这艘画舫是一位贪腐的海军官员进贡的。他曾挪用造船公款，中饱私囊，事发后进贡了这艘画舫，希望宽宏大量的皇帝在此暂时抛却烦忧，进而不会再计较属下的过错。这笔贿赂可谓是窃贼送给苦主的礼物。虽然看着庞大而醒目，可对于有幸获准到此一游的访客而言，此地却不失为聚餐游乐的佳处。我们坐在画舫的汉白玉甲板上谈论寒酸的军用口粮，在饭前划着小船去游湖，摘来硕大的荷叶戴在头上，像是为自己加冕。

然后，我们出发去著名的万寿山游玩。像罗马的帕拉丁山一样，万寿山上遍布宫殿与庙宇，但建筑形式与罗马截然不同，简直前所未见！这些建筑的设计之新奇、色彩之美妙、人物群像之高贵完备、艺术细节之淳朴天真，无一不迥异于西方的艺术形式，令人叹为观止。面对层层叠叠的台阶、高低错落的院落，还有蜿蜒盘绕的小路，我只觉得一头雾水，不知道该如何登上山顶，只得求助于同行的一位虔诚而博学的传教士。我不假思索地说："路在何

---

① 即颐和园中的清晏舫。（编者注）

颐和园昆明湖

方？您曾来过此地。现在请带路，您应该知道登天的正途。"他对
我报以微笑，我随即想起英文中随军牧师一词的字面意思就是"天
空领航员"（sky-pilot）。

　　我们在这个建筑奇境中拾级而上，不断爬升，一路惊叹连连，
累得气喘吁吁，终于登上了山顶的高塔。站在塔上俯瞰整片湖面，
湖心小岛在阳光下熠熠闪耀，与绿荫如盖的湖岸间只隔着一座秀丽
的小桥。这番美景着实摄人心魄。西边的群山层峦叠嶂，远望之
心旷神怡；绿意葱茏，夏日里沁人心脾。旁人告诉我们，在更远
处的山间还有几座清幽的寺院，每到夏季，僧人们就会将寺院租赁

汉白玉画舫

　　　　　　　　　　　　　　　　帝国残影：伯顿·霍姆斯 1901 年行记　——

皇家画舫

台阶

颐和园建筑群

从颐和园眺望北京

从颐和园眺望群山

登塔南望

在琉璃殿下

琉璃殿

优美的桥

脊兽

皇家游艇

青铜器与汉白玉

颐和园的汉白玉拱桥

给达官显贵，好让他们在此避暑，以躲过酷热。近旁的山顶上还建有高塔与其他建筑，据说是为了安抚神龙与神仙，遵循风水原则因势利导，趋利避害，以求神灵保佑。

往右侧更远方望去，可见到万寿山的山巅有一座琉璃殿[1]，高度与我们所在的高塔[2]不相上下，因为掩藏在高塔后，我们起初并未自下而上地端详。此前一些古老而精美的建筑在1860年时毁于英法联军的烧杀劫掠，而眼前这些存留下来的建筑在过去十年里得到恢复，因此看起来鲜艳、亮丽、簇新。在1900年战争爆发之前，那座琉璃殿内供奉着一尊巨大的佛陀像，四周簇拥着各色精美而昂贵的法器。如今，殿内已成一片狼藉，仿佛刚刚经历过一场无法无天的暴乱蹂躏。大理石窗棂已经破损，装饰精美的墙壁也已开裂，地面满是残渣碎屑。而庄严伟岸的大佛已被推倒，以几乎俯伏的姿态倾倒，伸出的手指几乎就要碰到后墙。眼前这一片狼藉皆拜意大利人所赐，他们曾在此大肆破坏，寻欢作乐。驻守另一区的英国人倒是小心地克制着破坏行为：他们在百无聊赖时不会损坏艺术品、打砸玻璃窗，或扯断刚安装的电线，也不会把白炽灯作为宣泄的对象，而是划着小船在昆明湖上游玩。这些"汤米·阿特金斯"虽然缺乏艺术鉴赏力，但至少是心怀敬意的。可那些自诩热爱艺术的意大利人呢，竟然在这片美丽而无助的人间乐园里恣意施暴。万幸的是，他们没有损坏那座名为"驼峰桥"的拱桥[3]。它可算是全世界最可爱的桥了。汉白玉拱桥美轮美奂，令

---

① 即颐和园中的智慧海（又称无梁殿）。（译者注）
② 即颐和园中的佛香阁。（译者注）
③ 即颐和园中的玉带桥。（译者注）

牌楼、宫殿与高塔

莲叶

拱桥的台阶

　　　　　　　　　　　　　　　　帝国残影：伯顿·霍姆斯 1901 年行记

倒影

人赏心悦目，绝不亚于任何一座精美的古建筑，和泰姬陵、万神庙相比也不遑多让。它是中国艺术传统的真传所在，代表着那些最高贵优雅、登峰造极的艺术成就。

无论从哪个视角去看，这座中国艺术的精品都充分展现出一种极致的美感。我们需谨记，中国有大美。封闭、愚昧、腐朽与迷信令古老中国沉沦泥淖。但在这泥淖之中仍不乏许多美好的事物，如娉婷荷花出淤泥而不染，令人遥想起中华文明曾傲立于世的

昆明湖与北岸

汉白玉拱桥与万寿山

辉煌时代。眼下的中国，应同情怜悯，而不应轻蔑嘲弄。回程恰逢日落时分，路上的辙沟与深坑积水泛滥，倒映出片片血色余晖，仿佛街巷中血流成河。那些迷茫的北京市民不过是在奋力完成他们认定的正义之举。尽管思想落后，他们的内心也怀着"驱逐鞑虏"的使命感，渴望能一劳永逸地解决问题。这些蛮夷来到中国，以武力或诡计占据港口，间谍遍布河网与铁路沿线；他们亵渎古老的传统，瓜分帝国版图，甚至还野心勃勃地想要奴役全中国人民。那些中国人抵御入侵的手段着实惨烈，但所有这些所作所为都是出

汉白玉拱桥

　　　　　　　　　　　　帝国残影：伯顿·霍姆斯1901年行记

宛如仙境

于他们笃信的信仰与对祖国的热爱。 此时的中国就像处于中世纪，人们相信义和团是刀枪不入、虔诚热忱的爱国者。 许多拳师甚至坚信自己就算遭到枪击也会毫发无伤。 还有数十人手拿扇子就敢直接扑向毛瑟枪的枪口——此举并非英勇，而是愚昧与迷信，他们一无所知，只是盲目听信了神功护体的谎言。

中国已为此付出了沉重的代价。 八国联军大举入侵北京，不仅是以牙还牙、以眼还眼，更是十倍的以命偿命。 他们的损失将得到数倍的赔偿，但真正的敌人——统治百姓的暴君，煽动激情

的主谋——却毫发未伤地躲过了这场劫难。它们的名字分别是
"愚昧"与"迷信"。只要愚昧仍笼罩着这片土地，只要民众的头
脑仍被愚弄蒙骗，中国仍未得见希望。